colección acción empresarial

CONSTRUYE
TU SUEÑO

Biblioteca Luis Huete
Editado por LID Editorial Empresarial, S.L.
Sopelana 22, 28023 Madrid, España
Tel. 913729003 - Fax 913728514
info@lideditorial.com
LIDEDITORIAL.COM

A member of **BPR**

businesspublishersroundtable.com

EAN-ISBN13: 9788488717719
Editora de la colección: Helena López-Casares
Editora: Maite Rodríguez Jáñez
Composición: Mecaservi
Fotografía de portada: ©Krasphoto/Dreamstime.com
Diseño de portada: El Laboratorio
Impresión: Gráficas Marcar
Depósito legal: M-43485-2008

Impreso en España / Printed in Spain

Primera edición: septiembre de 2005
Sexta edición: septiembre de 2008

Luis Huete

CONSTRUYE
TU SUEÑO

MADRID   BARCELONA
BOGOTÁ   BUENOS AIRES   MÉXICO D.F.
LONDRES   MUNICH

Biblioteca Luis Huete

La colección de Acción Empresarial de LID recoge estudios de autores, principalmente españoles, sobre temas actuales o importantes que contribuyen a completar la formación de empresarios y directivos.

Dentro de esta colección, y con el ánimo de ganar en profundidad en ciertas áreas y de crear una plataforma de comunicación mejor para los autores, hemos desarrollado diferentes series y bibliotecas que cubren toda la obra de un determinado autor o equipo de autores.

Luis Huete fue uno de nuestros primeros autores con biblioteca propia, junto a Carlos Rodríguez Braun, y en la actualidad otros grandes profesores, conferenciantes y escritores de motivación de equipos humanos y pensamiento económico (como Juan Mateo o Javier Fernández Aguado) se han unido a este esfuerzo divulgativo.

Si desea más información, la encontrará en LIDEDITORIAL.COM.

LID Editorial Empresarial

A mis cuatro hijos, Reyes, María, Luis y Teresa, y a mis 31 sobrinos.
Uno de mis grandes sueños es veros crear abundancia,
dedicad tiempo a soñar cosas irrazonables,
cristalizad los sueños en tareas,
conoceos bien, ambicionad ser mejores,
ayudaros entre vosotros, sed magnánimos,
disfrutad de las pequeñas cosas, que son realmente las grandes,
construid vuestros sueños a golpe de tenacidad.
Ojalá que este libro os pueda ser útil en esta gran aventura.

Índice

Agradecimientos

Mi primer agradecimiento tiene un cariz intelectual. Muchas gracias a Earl Sasser, Anthony Robbins, Juan Antonio Pérez López, Pablo Cardona, Joan de Deu, Juan Antonio Marina, Alejandro Llano, Shalom Saar, Emilio Duro, Juan Serrano, Ichak Adizes, Salem Samhoud y Robin Sharma. Son personas cuya inspiración y enseñanzas me han ayudado a realizar este libro. Ellos han sido mi inspiración en mayor o menor medida. El libro está lleno de ideas cuyo origen procede de mis conversaciones personales con ellos, de la lectura de sus libros o de la asistencia a sus seminarios.

El segundo agradecimiento, más intenso, por ser emocional, va a mi familia. A María, mi mujer, por su complicidad para que acabara este libro, por su generosa predisposición a que sacara retazos de tiempo para acabarlo en vacaciones, fines de semana y veladas. Gracias también por tus consejos y por tu sentido común. A mis hijos, con mucha ilusión me voy a esforzar para que estas ideas salgan del libro y las veáis plasmadas en la conducta de vuestros padres. A mis padres, por su generosísima labor educativa de la que tanto nos hemos beneficiado sus hijos y nietos.

Estoy muy agradecido también a la espléndida ayuda que me prestan mis colaboradores más cercanos. A Reyes Sánchez de Lamadrid, por la calidad de su trabajo y por su optimismo contagioso. A Claudia Sierra, por su carácter ejecutivo y su capacidad de planificación y negociación. Y a Álvaro González-Alorda, por el impulso creativo y de comunicación que aporta, con tanta dedicación y modernidad. Álvaro me ha hecho muchas sugerencias para aliviar y hacer más fácil el texto de este libro. Con él comparto cada día más eventos con empresas y, de seguro, se convertirá en mi heredero intelectual.

Gracias también a Salem Samhoud y a Wouter van Daalen por su generosidad. Han sido muchos los días en los que hemos podido discutir sobre los mejores enfoques para crear cambios en las empresas y en las personas. Su sentido práctico, como buenos holandeses, y su fe en las personas me han sido una fuente de inspiración.

Muchas gracias también a las empresas que han tenido la amabilidad de patrocinar esta obra. Su apoyo es muy importante para mí. Son empresas con la que he tenido el privilegio de colaborar en varias ocasiones. Estoy muy orgulloso de haber sido vuestro proveedor.

Francesca Cattoglio es la directora en España de IIR. Desde hace muchos años ha apostado por la comercialización de mis seminarios abiertos. El resultado ha sido espléndido y tanto a ella como a su equipo les estoy muy agradecido por su entusiasta ayuda.

Muchas gracias, por último, al equipo editorial de LID. El trato y la constancia de Marcelino Elosua han hecho que me decante por su editorial y me sienta muy a gusto trabajando con su equipo.

Prefacio

¿Con qué sueñas? ¿Qué ambicionas?

Este libro tiene su origen allá por el año 1982. Entonces acababa el programa MBA en IESE Business School. Un profesor, Pere Agell, se despidió al acabar su asignatura de Previsiones expresándonos un deseo a sus alumnos: que hiciéramos de nuestras vidas unas vidas logradas. No nos dio muchas pistas del contenido de su deseo, pero entiendo que, por el contexto, lo contraponía al éxito más o menos externo que muchos de sus alumnos podríamos ambicionar en ese momento.

Por las circunstancias del momento, ese deseo me hizo pensar mucho. Poco después, descubrí que un consejo parecido también lo daba Albert Einstein a sus estudiantes: «Intenta no convertirte en un hombre de éxito, sino más bien en un hombre de valor». ¿Pero cómo?

Han pasado años desde entonces y no he dejado de darle vueltas al contenido de estos consejos. ¿En qué consiste ser una persona de valor? ¿Cómo se consigue? ¿En qué medida está en nuestras manos? ¿Cómo fomentarlo a mi alrededor? ¿Qué papel juegan los sueños? ¿Hay que poner medida a la ambición?

Estas preguntas han estado presentes a lo largo de muchos años en mi cabeza, en mis lecturas, en mis conversaciones, en las observaciones que he hecho de la gente que he conocido, en las discusiones que he tenido con alumnos y colegas. El tema me fascina. No hay un sueño más atractivo que vivir intensamente e inteligentemente. Creando abundancia. Disfrutando de las cosas. De las pequeñas y de las grandes. Haciendo que la vida sea un logro.

Siempre me han interesado las biografías de personas que han hecho cosas sugerentes en la vida. Alguna vez oí que lo que más influye en el futuro de una persona son los libros que lee y las personas a las que trata. Por eso, procuro leer y rodearme de libros interesantes. Y de gente inteligente. Y buena, si es posible.

A través de estas biografías y de mi observación, he constatado que muchos de los grandes logros en el mundo los han realizado personas que tenían grandes sueños, grandes ambiciones de futuro. Por eso, le he dado el título de *Construye tu sueño* a este libro. Conociendo un poco a personajes como Benjamin Franklin, Bruce Springsteen, Konrad Adenauer, Mahatma Gandhi, la Madre Teresa, Nelson Mandela, Ronald Reagan, Martin Luther King, Karol Wojtyla, Václav Havel y a tantos otros, se ve que, además de sueños, tuvieron el tesón y la determinación para poner en marcha actuaciones que les ayudaron a construir sus sueños.

Lo voy a repetir más veces. Lo único que cambia el curso de la historia personal son las decisiones que se toman y se ejecutan. Éste es un libro, por tanto, para tomar decisiones. Decisiones que clarifiquen los sueños que van a regir nuestras vidas. Decisiones para hacer que esos sueños cristalicen con el tiempo. Decisiones para resistir las dificultades. Decisiones para hacer crecer la fe en el potencial de los recursos personales. Decisiones para desarrollar las capacidades personales. Decisiones para lograr lo que podemos ser, aquello que podemos y debemos conseguir en nuestras vidas.

En el año 1987, de una manera espontánea, escribí unos primeros folios contestando estas preguntas. Me encontraba en Boston, finalizando mis estudios doctorales. En aquel momento, alguno de mis hermanos reemprendía su carrera profesional y, como hermano mayor, quise estar presente en esa importante cita, ofreciéndole mis consejos sobre cómo manejarse con inteligencia y sentido práctico en el mundo de los negocios. Fue un primer intento –más voluntarioso que otra cosa– de ordenar lo que hasta el momento había aprendido.

Ése fue el origen más lejano del libro que tienes es tus manos. Creo que he dejado reposar suficiente tiempo las contestaciones a las preguntas como para atreverme a presentarlas ahora por escrito en forma de libro. También he esperado para ver el impacto que tenían en mi propia vida. Y lo que me ha ocurrido estos años ha sido sencillamente increíble. No voy a entrar en detalles. Pertenecen a mi intimidad. Estoy profundamente removido por las cosas que están pasando. Me ilusiona mucho lo que me queda por vivir. Y tengo la fuerte convicción de que esto es sólo el inicio.

El origen más próximo del libro es una búsqueda intensa por estructurar más estas reflexiones que inicié en el año 1995. Desde ese año, me he puesto a leer con ahínco sobre estas cuestiones, he escuchado cientos de horas de casetes, mientras conducía, con resúmenes de libros o entrevistas a gente interesante, y he sacado tiempo y he conseguido los recursos para ir a seminarios con los mejores entrenadores personales del momento a California, Carolina del Sur, Hawai, Fiji, Fráncfort, Davos, Milán, Florencia, Bruselas, etc.

Durante estos años, he tenido también la fortuna de presentar parte de estas ideas en cientos de seminarios para ejecutivos de empresas en los foros más diversos. ¡Han sido más de 45 países y más de 1.500 audiencias! Ante personas de creencias y de estilos de vida muy dispares. Con responsabilidades de todo tipo. Y la respuesta ha sido siempre muy positiva. Y curiosamente, aún más positiva en ambientes de entrada más reacios a estos mensajes.

He comprobado que las distinciones conceptuales y las herramientas de esos seminarios, recogidas en este libro, resultaban útiles y atractivas. Que se me pedía más bibliografía y referencias. Que se hacían cortas las horas explicando estos conceptos. No importa que fuesen los dueños de las empresas de márketing directo más grandes del mundo; o el equipo de dirección de una cadena asiática de hoteles de super lujo, o directivos de la mayor agencia de comunicación rusa o propietarios de empresas de Silicon Valley. En todos ellos, me ha sorprendido descubrir una gran avidez por encontrar soluciones a las cuestiones que se plantean en el libro. Y es que, como recordó el recientemente fallecido Peter Druker, la última frontera de la gestión empresarial está en la gestión que uno hace de sus recursos personales.

Las personas tenemos en nuestro interior una gran potencialidad y unas capacidades que hemos de ensanchar. No nos podemos gestionar bien sin un conocimiento de uno mismo, de los elementos y de las dinámicas que interfieren en nuestros logros humanos, de la situación de la cual se parte y de las metas posibles.

De todos estos temas nos ocuparemos en estas páginas. *Construye tu sueño* intenta desbrozar la maleza que nos acompaña en el transcurso de la vida para hacer que el viaje sea más transitable, interesante, emocionante, intenso, inteligente y reconfortante. Espero que este libro sirva de guía práctica para vivir a la altura de las circunstancias y de las oportunidades.

Eso es especialmente importante en estos momentos en donde todos hemos de aprender a vivir una libertad llena de posibilidades y de riesgos. Hoy tenemos menos modelos y referentes externos en los que mirarnos que las generaciones que nos han precedido. Nos ha tocado elegir nuestra vida de arriba abajo. Empezando por nuestro sueño y acabando por aquello en lo que queremos creer.

Cuando la razón se expande, las emociones se hacen inteligentes y la voluntad, fuerte, las personas somos capaces de obrar milagros a nuestro alrededor. La adversidad, por ejemplo, puede tener el efecto no buscado de ensanchar las capacidades personales. Cuando crecen las capacidades y los recursos personales, los límites de lo posible se ensanchan y la vida mejora radicalmente. Estamos ante una vida lograda. Una vida de ensueño. Una vida de abundancia.

Introducción

El mayor sueño de una persona es vivir y morir feliz. *Sintiendo* que se han hecho cosas valiosas. Al final, una vida lograda no es otra cosa que el desarrollo y la movilización de los recursos personales para obtener abundancia interior y exterior, en uno mismo y en los demás. El concepto de abundancia resulta clave, como también lo es el de desarrollar los recursos personales, y el de interpretar las voces interiores. En estos conceptos nos moveremos para construir nuestro sueño.

No hablaremos en este libro de estrategias muy sofisticadas, sino de ideas bien prácticas. Cosas conocidas que necesitan sistematizarse y hacerse más sencillas. Se trata de mejorar el uso de la razón, de las emociones y de la voluntad para construir los sueños en los que se cree con firmeza y para crear las condiciones externas e internas que los hagan posibles. ¡Inevitables!

A lo largo de los capítulos del libro (véase cuadro 1) voy a explicar las herramientas básicas para construir tu sueño personal. El contenido de los sueños está compuesto por tres ingredientes: desarrollo de las capacidades personales, contribuciones valiosas y recompensas que se reciben del exterior.

Los sueños se construyen gestionando la polaridad (capítulo 1), oyendo e interpretando bien las seis voces interiores (capítulo 2), y alimentando con inteligencia las necesidades emocionales (capítulo 3). La construcción de los sueños también requiere el uso de mecanismos de defensa maduros ante la adversidad (capítulo 4), la mejora del sentimiento cotidiano de eficacia (capítulo 5) y el diseño de un plan personal de futuro (capítulo 6).

Por último, es importante evitar los trastornos de conducta que puedan poner en peligro nuestros sueños (capítulo 7), crear masa crítica para empujar un círculo virtuoso personal (capítulo 8), gestionar las relaciones (capítulo 9) y mejorar tanto el reto como el talento (capítulo 10).

Cuadro 1. Las diez claves de la construcción de los sueños

10 ¿Te gusta el reto?

9 ¿Disfrutas con la gente?

8 ¿Te has instalado en una lógica de progreso?

7 ¿Hay alguna enfermedad en tu conducta?

6 ¿Has diseñado un plan personal de futuro?

5 ¿Mejoras el sentimiento cotidiano de eficacia?

4 ¿Utilizas la adversidad en la construcción

3 ¿Ponen las voces interiores en peligro tu sueño?

2 ¿Qué oyes en tu interior?

1 ¿Sabes gestionar tu polaridad?

Fuente: Luis Huete, 2005.

En el fondo se trata de dar respuesta a las dos voces más importantes que resuenan en nuestro interior: el deseo de progreso personal y el de hacer contribuciones relevantes que beneficien a otros: el progreso social. Es el deseo de sabiduría y de amistad desinteresada. Son los dos deseos humanos más íntimos, más profundos, más cercanos al corazón de la felicidad personal, del sentimiento de logro. Son la quinta y la sexta voz que anidan en nuestro interior. Mejorar para dar. Dar para mejorar. El secreto de una vida lograda es gestionar la dialéctica entre estos aparentes contrarios y resolverla.

Una vida lograda requiere de un eficaz liderazgo sobre uno mismo. Liderazgo es visión clara de la meta a la que se quiere llegar, deseo firme de conseguir los objetivos, inteligencia para dotarse de las herramientas y de los medios necesarios para el viaje, y determinación de concluir el trayecto iniciado. Creo que se necesitan más personas que hagan de su vida un proyecto en donde el progreso personal y social no sea autoexcluyente sino que uno refuerce al otro.

La razón de ser de este libro, por tanto, es condensar y hacer fáciles de entender las ideas que hacen realidad los sueños que todos tenemos. Las distinciones que contiene pueden ser útiles para conocerse mejor, para interpretar correctamente las seis voces que resuenan en nuestro interior, para entender mejor la realidad cotidiana, para volver a darse el gusto de soñar con un futuro radicalmente mejor y, sobre todo, para avanzar en la dirección marcada por los sueños.

El profesor del IESE al que he citado antes ya nos insinuaba que una vida lograda y una vida de éxito no son necesariamente lo mismo. Tampoco es que sean incompatibles. Veámoslo. No todas las personas con éxito han tenido vidas logradas. Por desgracia para ellos. No todas las personas con vidas logradas han sido exitosas. Por desgracia para nosotros.

Tomemos como ejemplo de éxito el liderazgo político. La historia nos ha mostrado buenos líderes en individuos caprichosos, corruptos, asesinos, egoístas, autoritarios, mentirosos y manipuladores.

Personas cuyas vidas han sido un desastre sin ningún paliativo. La historia nos ha traído también casos de individuos con mucha valía humana que no han tenido un gran eco en sus ambientes.

La noción de éxito no es fácil de disociar del eco que provoca; de su intensidad y duración. ¿Por qué personas sin ninguna talla humana obtienen tanta resonancia? ¿Por qué personas con rectitud inspiran a tan pocos? Una de las medidas del éxito se encuentra en el eco que se consigue y en la duración de éste. Pero no es el único. Hay que añadir más criterios para discernir entre éxitos que nos convienen y aquellos que no vale la pena fomentar ni en uno ni en la sociedad. Los primeros son los que nos podrían conciliar con la vida lograda, con la abundancia de progreso personal y social.

El criterio fundamental para discernir la calidad del éxito es el papel que éste acaba representando en el entramado de necesidades emocionales que tenemos. Las personas contamos con necesidades emocionales por satisfacer. ¡Las voces interiores las convierten en deseos! Es todo lo mismo. Eso nos viene con la naturaleza humana. Los deseos son legítimos pero no todas las respuestas a los deseos son inteligentes ni nos hacen bien. Igual que la comida. El hambre legitima el comer, pero no toda comida es sana ni contribuye a nuestro bienestar futuro.

Todas las necesidades son legítimas, insisto, pero entre ellas hay un juego cuyas reglas hay que conocer para ganar la partida de vivir inteligentemente. Las personas de éxito oyen voces en su interior y tienen sueños. Sueños en los que se proyectan sus necesidades emocionales. Sueños que son sus respuestas a las voces interiores. De hecho, la fuerza con la que se persigue un éxito está relacionada con la intensidad con la que se siente esa necesidad humana, con la nitidez con la que se oye la voz interior. En las personas cuyo sueño es una vida lograda sucede lo mismo.

La gran diferencia está en la composición *química* de las necesidades emocionales del éxito y del logro. En el tipo de voz interior que se escucha y en cómo se interpreta. En el caso de las personas de éxito, el compuesto está formado, en su gran mayoría, por las necesidades emocionales básicas: seguridad, variedad, singularidad y conexión. Son las primeras cuatro voces. Quiero el éxito para que se hable de mí, para demostrar a los de mi pueblo que me ha ido mejor que a ellos (quizá por eso a muchos *líderes* les gusta construir una *pirámide* en su ciudad natal), para divertirme, para retarme, para que se vea lo inteligente que soy, para pasar a la historia, para ser imprescindible, para que me hagan monumentos, para que me quieran...

En el caso de las personas de logro, el compuesto tiene un porcentaje muy alto de necesidades emocionales avanzadas: progreso personal y social. Son la quinta y la sexta voz de nuestro interior. Es moverse para incrementar la sabiduría personal y hacer obras desinteresadamente. Las *personas de logro* tienen una fuerte disciplina personal para no alimentar las necesidades básicas con sustancias que sean incompatibles con las avanzadas. Oyen, como los demás humanos, las primeras cuatro voces, pero las interpretan de manera distinta. No les dan sentido finalista. No se centran a escuchar en exceso una sola voz a costa de las otras. En las *personas de éxito* no hay esa disciplina. Por eso, la quinta y la sexta voz acaban teniendo un peso ridículo en la composición química final que propulsa sus proyectos de futuro.

Hay muchos éxitos que son una mala solución a una necesidad legítima. Una mala interpretación de una voz interior. Un mal alimento a un deseo humano. Por ejemplo: las personas tenemos un deseo de destacar, de ser únicos, especiales, de reclamar la atención. Por eso, nos duele el desprecio y la humillación. El dolor es el mecanismo que nos avisa de situaciones donde el deseo, la voz interior, está en peligro. Muchos éxitos sociales y profesionales se han conseguido y se han acabado erigiendo en el estandarte del sueño de singularidad de sus impulsores. El énfasis es hacia fuera. Basta con mirar las páginas de la prensa del corazón en donde sobran ejemplos de este tipo de éxito.

La vida es lograda cuando el sueño que la impulsa es expandir los recursos personales con los que se nace y contribuir al progreso de la gente que tenemos cerca. Al hablar de recursos siempre haremos referencia a esos tres tesoros que son la inteligencia, las emociones y la voluntad. La vida lograda es otra liga con respecto al éxito. Éxito es segunda división. Logro es primera división. Logro con éxito es *Champions*.

Cuando un éxito es una mala solución a los deseos legítimos de sus actores se convierte en un peligro. En un peligro para uno. Todo lo que se consigue en forma de resonancia pública se hace a costa de la degradación del actor. Ese éxito evita el esfuerzo –narcotizando la razón y la voluntad– de buscar soluciones a los deseos básicos que son más compatibles con las necesidades avanzadas. Ese éxito te hace apagar las voces interiores que reclaman tu verdadero progreso interior y tu implicación con el progreso social.

Cuando un éxito social o profesional se consigue con una disciplina personal en el manejo de la composición de los deseos que lo mueven, las cosas cambian. Se descubre que las voces interiores nos guían hacia nuestros sueños. Si la singularidad no se busca como acto final, sino subordinada al crecimiento y a la contribución, lo que tenemos es la estrategia de una vida lograda, el contenido auténtico de las voces interiores. De este modo, se crea un logro humano que actúa como catalizador y referente de posibilidades en quienes lo observan.

Todos los humanos podemos mejorar nuestra capacidad de influir positivamente en el progreso de los demás. Éste es el foco y la creencia que se encuentra detrás de estas páginas. Una de las claves para que eso ocurra está en que gestionemos aquellos aspectos más débiles de nuestra personalidad. Todos tenemos defectos que pueden crecer con los años hasta convertirse en problemas serios de la conducta.

El problema no está en tener defectos, sino en no hacer nada para corregirlos. Demasiadas veces, quien tiene una cierta responsabilidad acaba decidiendo que ni tiene defectos ni ha de rodearse de gente que le advierta de los mismos. Lo peor que puede hacer una persona es engañarse pensando que sus años o su responsabilidad le exoneran de toda imperfección. Es otra vez la voz de la seguridad y de la singularidad, pero mal interpretada. Sólo cuando una persona admite sus debilidades y las gestiona, se da un paso importante hacia la grandeza personal, hacia la construcción de los sueños.

Muchos de los que lean este libro van a vivir cien años. Son cosas de nuestra generación. Nunca, nunca una generación ha tenido tantas oportunidades como las que existen en la actualidad. Si mezclamos *esto va para rato* (cien años) con *cada vez hay más oportunidades,* el resultado final es una urgente llamada a gestionar los recursos personales, a mejorar las redes sociales, el capital social en el que nos movemos. Hay mucho en juego en ello. Y durante muchos años.

Vivir cien años puede ser un gran regalo, un tiempo en el que hagamos realidad sueños extraordinarios. En el que nos dejemos llevar sabiamente por nuestras voces interiores. Pero ojalá el futuro nos encuentre con los deberes hechos. Confío en que este libro nos sirva a todos para ir haciendo los *deberes del futuro* de una manera atractiva. Somos los arquitectos de nuestro futuro. Los autores de nuestra propia biografía. Los constructores de nuestros sueños. Sueños que deben de ser de abundancia.

1 ¿Sabes gestionar tu polaridad? La construcción de los sueños desde tu personalidad

A estas alturas de tu vida es posible que la idea que tienes de ti mismo se ajuste algo a la realidad. O tal vez no mucho, y desgraciadamente no sería el primer caso... Haz la prueba: ¿eres capaz de describirte en una octavilla –o en sesenta segundos– y que el resultado sea algo parecido a tu retrato? Te sugiero que, antes de llegar a una conclusión definitiva, contrastes tu resultado con un familiar, con un amigo y con un compañero de trabajo. A veces se lleva uno sorpresas...

Tus sueños sólo pueden construirse sobre el conocimiento sólido de tu personalidad y de tus capacidades; incluido tu lado oscuro, al que puedes sacar mucho partido si sabes gestionarlo. Todos tenemos defectos. Ése no es el problema. El problema es ignorarlos o no hacer nada para mejorarlos.

En ocasiones, la dificultad no está tanto en conocerse como en saber describirse; o dicho de otra manera, en tener la capacidad de analizar el propio comportamiento. ¡Y el de los demás! Paradójicamente, observar a la gente que te rodea resulta muy útil para saber cómo eres.

Para conocer a los demás, yo siempre utilizo una herramienta muy sencilla, pero que me ha dado buenos resultados. Sólo tiene dos ejes: «**datos/conceptos**» y «**cercano/lejano**».

En primer lugar, me fijo en si una persona, al hablar, hace referencias a datos, hechos y enfoques más «**racionales**». O si, por el contrario, su discurso es más cálido, ya que se centra sobre todo en ideas, modelos, personas y conceptos más «**emocionales**».

Nadie está al cien por cien en uno de los extremos del eje, pero resulta muy fácil descubrir el sesgo con el que suele actuar. ¡Haz la prueba contigo! Esta variable te dará una idea aproximada sobre el grado de **racionalidad** (datos, hechos y tareas) frente al de **emotividad** (ideas, personas y conceptos) que hay en tu vida o en la de los que te rodean.

En segundo lugar, también me fijo en si una persona pone más énfasis en lo «**cercano**» (lo de casa, lo concreto, lo íntimo, su identidad) o si su interés está más en lo «**lejano**» (lo de fuera, lo global, lo profesional y lo relativo al mercado).

En el eje «cercano/lejano» se manifiesta el grado de **reflexión** frente al de **extroversión**. Los reflexivos son los que miran más a las cosas de casa y tienden a escuchar más que a hablar; mientras que los extrovertidos suelen ser más de mundo y hablan más y, con frecuencia, a destiempo.

Al cruzar el eje «datos/conceptos» con el eje «cercano/lejano» surge una matriz con cuatro esquinas que responden a cuatro maneras de mirar el mundo, que acaban generando cuatro mentalidades y cuatro perfiles de conducta bastante claros. El esquema del cuadro 2 lo expresa gráficamente.

1. Las cuatro mentalidades

La combinación de «datos» y «lejano» configura una manera de mirar el mundo que denomino **mentalidad anglosajona**. Desde esta perspectiva, interesa lo de fuera, lo global y el mercado; y lo que priman son los datos, los hechos y las tareas. Desde el sesgo anglosajón, lo que gusta es la estrategia, hacer negocios a base de grandes operaciones, el análisis del entorno, la lógica de los analistas bursátiles, la competitividad y la orientación a resultados.

Quienes se habitúan a dar este sesgo a su vida acaban siendo ambiciosos, buenos organizadores, individualistas, dominantes y duros. Esta mentalidad es propia de personas que no esquivan el conflicto y a quienes no les gusta hablar de sentimientos, y menos de los suyos. Muchos directivos tienen este perfil: se sienten atraídos por el poder y son distantes con sus equipos. ¡Les gusta mandar y conseguir resultados! Y quizá por esta misma razón, no siempre son muy escrupulosos en los medios que utilizan para conseguir sus fines.

En la parte superior de la matriz, también se encuentra la **mentalidad latina**, caracterizada por la extroversión y la emotividad.

Cuadro 2. Las cuatro maneras de ver el mundo

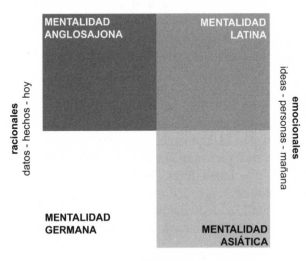

Fuente: Luis Huete, 2005.

Desde esta perspectiva, sigue interesando lo de fuera, lo global y el mercado, pero la manera de pensar es mucho menos estructurada. Es más pasional, más intuitiva y más creativa. Y se centra en ideas, personas y conceptos.

Cuando se mira la vida desde la mentalidad latina, lo que tiene más relieve son las tendencias, la moda, los mercados, las nuevas ideas, el cambio, la opinión de otros, el glamour, las marcas, los intangibles y el posicionamiento. Los de mentalidad latina suelen ser creativos, simpáticos, geniales, buenos comunicadores, abiertos al cambio, desorganizados, superficiales en sus análisis y, en ocasiones, por decirlo de forma elegante, exagerados en sus afirmaciones. También suelen ser *esnobs*. Esta esquina fomenta una personalidad autónoma, con olfato comercial, seductora, inconstante, impulsiva y empática. Son personas con capacidad de influir. Muchos líderes, en el sentido clásico, han tenido este perfil. Para las personas con mentalidad latina es muy importante «quedar bien». Les gusta el reconocimiento y el aplauso.

La mezcla de emotividad e interno crea la **mentalidad asiática**, ubicada en la parte inferior de la matriz. Desde esta visión del mundo, tiene más relieve lo cercano, lo concreto y la propia identidad, y todo lo que se refiere a las ideas, las personas y los conceptos. A los que tienen mentalidad asiática les gustan las relaciones personales, lo intimista, las redes de confianza, el equipo, el sentido de familia, la palabra dada y la tradición.

Las personas con sensibilidad asiática crean buen ambiente en los equipos, se ocupan del desarrollo de sus colegas, fomentan los valores, no crispan el ambiente y tienden puentes con otros. Las debilidades de esta personalidad pueden ser la falta de coraje para enfrentarse a situaciones duras —sobre todo si hay personas por el medio— y la tendencia a ceder, a veces a costa de los propios derechos. Esta mentalidad fomenta personas orientadas a las relaciones, flexibles, humildes, obedientes, pacíficas y con tendencia a evitar los conflictos personales.

Ya sólo queda una esquina, también de la parte inferior de la matriz. Es aquella en la que confluyen la racionalidad y lo cercano. Esta última combinación produce la **mentalidad germánica**, que se interesa por los datos, los hechos y las tareas, y se centra en lo cercano, en lo concreto y en la propia identidad. A los que miran el mundo desde esta perspectiva les gusta lo cuantificable, lo sistemático, el proceso, el orden y la calidad técnica.

La mentalidad germánica es propia de personas organizadas, analíticas y con capacidad de resolver problemas prácticos. Sin embargo, suelen tener una gran rigidez interior, no les gusta mucho lo que suene a cambio y no esté bien estudiado, y les inquieta hacer varias cosas a la vez. Valoran mucho la estabilidad y tienden a crear excesivos procedimientos y reglas a su alrededor. Por lo general son conservadoras en las decisiones que toman y algo maniáticas en sus vidas. Su mundo es el de las causas y consecuencias, y desconfían de las teorías. A esta personalidad suelen pertenecer los auditores, la gente de operaciones, los informáticos y los científicos.

A grandes trazos, se puede afirmar que los de arriba, los **anglosajones** y **latinos**, suelen tener más iniciativas que los de abajo, los **germánicos** y **asiáticos**, que tienden a ser más cautos, más volcados en su propio mundo. Esto se ve en las reuniones: casi siempre se alzan con el liderazgo los que son más anglosajones y latinos. Es interesante comprobar cómo las sociedades germánicas y las asiáticas son mucho más jerárquicas que las anglosajonas y las latinas. Su tendencia a mirar hacia dentro crea un particular gusto por las jerarquías internas. Por el contrario, a los anglosajones y los latinos les interesa más la actuación en el mercado que la estructuración interna.

2. ¿Y cómo eres tú?

Probablemente, tras analizar las cuatro mentalidades, hayas concluido que tu manera de ser y de mirar al mundo no se corresponde al cien por cien con ninguna de las cuatro esquinas. Sin embargo, hay una de ellas que predomina sobre el resto y hace predecible el sesgo que le das a los acontecimientos y al curso de tu vida. Además, en el compuesto químico de tu personalidad hay una segunda esquina con mayor contribución a la fórmula final.

La segunda esquina se sitúa pocas veces en la diagonal de la primera. Un ejemplo: anglosajón con asiático. Normalmente se coloca en el eje horizontal (anglosajón con latino) o en el vertical (anglosajón con germánico). Otro caso: si uno es latino, es más probable que sea anglosajón que germánico. Esa mezcla (eje horizontal) es típica de una persona muy volcada a lo de fuera y con poca sensibilidad hacia lo de dentro. He visto a muchos directivos con este perfil. La otra posibilidad del latino es ser también asiático. Esa mezcla (eje vertical) es típica de las personas muy sentimentales y emotivas, pero con dificultades de sintonizar con los aspectos más racionales, fácticos y lógicos de sus tareas.

Es una pena que no haya más personas cuya personalidad sea un cruce en diagonal. Muy pocas veces se ve una personalidad que sea un buen compuesto entre, por ejemplo, lo latino y lo germano. La razón reside en que las perspectivas no pueden ser más distantes y se tienden a expulsar una a la otra: mientras que el latino mira a lo de fuera y a las personas, al germano le importan lo de dentro y los hechos. Lo mismo sucede entre los anglosajones y los asiáticos: el anglosajón se interesa por lo de fuera y por los hechos, mientras que el asiático mira hacia dentro y a las personas.

La diagonal aporta una gran riqueza a los puntos de vista con los que miras al mundo y al sesgo que das a tu forma de trabajar. Por eso, si logras conectar con la mentalidad situada en la diagonal de tu esquina dominante, enriquecerás extraordinariamente tu vida. En realidad, puedes conseguir la «conexión diagonal» aportando una nueva perspectiva a tu propia personalidad o haciendo un buen equipo con otra persona que se sitúe diagonalmente en tu esquina opuesta. Este equilibrio «dinámico» entre dos perspectivas situadas en la diagonal puede ser una fuente increíble de energía y de impulso.

El esfuerzo por conectar en diagonal contigo mismo y con otras personas te proporcionará una gran flexibilidad y una tolerancia auténtica. Y cuanto más respetes y sintonices con estructuras mentales distintas a la tuya, mayor será tu progreso personal y profesional, ya que en tu vida habrá un equilibrio basado en el diálogo y en la conexión de las distintas mentalidades.

En cierta medida, saber vivir consiste en manejarse y en sentirse cómodo con personas de distinta estructura mental. De hecho, las personas que se abren al punto de vista más distante del suyo (representado por la diagonal) son las que más aprenden. Necesitas otros puntos de vista para ver mejor la realidad. Necesitas la diversidad a tu alrededor. Uno se vuelve tolerante cuando busca y acepta otros puntos de vista, e intolerante cuando se encierra en una de las esquinas, juzgándolo todo con parcialidad.

3. ¿Es bueno que las tareas encajen con tu forma de ver el mundo?

El esquema que utilizo para analizar las personalidades humanas básicas también resulta válido para identificar la naturaleza de las tareas de un proyecto. Pongamos como ejemplo las tareas en una familia o las de un pequeño negocio de comercio. En estos dos ámbitos, como en todos, dichas tareas son clasificables en función del eje «**interno/externo**» y del eje «**racional/emocional**».

Empecemos con la familia. «Interno y racional»: el día a día, el orden de la casa. «Externo y racional»: la gestión de proveedores, el traer recursos para financiar la casa, las grandes decisiones que comprometen el futuro. «Externo y emocional»: los amigos, las relaciones, los sueños sobre el futuro, lo lúdico. «Interno y emocional»: el bienestar de los niños, el cuidado mutuo, un hogar acogedor. Como es evidente, la buena marcha de una familia precisa de todas estas tareas, aunque su contenido sea radicalmente distinto. Hay tareas en cada esquina. ¡Y la buena marcha de la familia necesita de la armonía e integración de las cuatro!

Ahora viene lo interesante. Las personalidades del *equipo directivo* de la familia influyen en las tareas que se hacen mejor o peor. Una pareja formada por dos latinos seguro que organiza auténticos *planazos* y *saraos,* pero tendrán la casa muy desordenada. Una pareja de dos asiáticos será muy armoniosa e intimista, pero puede que les falte coraje para enfrentarse a los grandes conflictos y a los grandes desafíos del mundo. Una pareja de germanos tendrá la casa perfectamente ordenada, pero no hará mucha vida social. Una de anglosajones posiblemente gane mucho dinero, pero cada uno hará su vida, no habrá mucha intimidad y discutirán con frecuencia sobre quién lleva la razón.

La naturaleza obra un gran milagro. La mayoría de las personas elige como pareja de su vida, normalmente de forma inconsciente, a alguien situado en la diagonal de su propia personalidad. Eso supone un gran reto en el día a día. Entenderse con quien mira la vida de una manera radicalmente distinta a la nuestra no es fácil, y requiere muchas dosis de flexibilidad y generosidad. Pero también eso es lo divertido y retador: descubrir que hay otros puntos de vista tan legítimos como el nuestro y tener la flexibilidad, mezclada con generosidad, para integrarlos con el nuestro. *Vive la différence!*

Concluyo. Parece como si la naturaleza nos estuviera animando a gestionar la diversidad también en los ámbitos personales. Y es que la polaridad bien gestionada tiene mucho más recorrido que la homogeneidad. Las claves de la gestión de la diversidad son básicamente dos. La primera es la tolerancia a puntos de vista distintos al propio. La segunda es compartir un proyecto de futuro en donde ambas partes se identifiquen y por el cual estén dispuestas a luchar.

En los negocios pasa lo mismo. Tomemos el ejemplo de un pequeño comercio como dijimos anteriormente. Las tareas son igual de plurales que en una familia. «Cercano y racional»: contabilidad, procesos, orden, tener los números del día a día en la cabeza. «Externo y racional»: compras, decisiones sobre gama de productos, precios, decisiones estratégicas. «Externo y emocional»: clientes, venta, márketing, relaciones públicas, imagen, tendencias del mercado. «Interno y emocional»: los dependientes, su compromiso, la cultura de empresa, los procesos de innovación.

En función de la personalidad de los directivos son muy previsibles las tareas a las que se va a prestar una mayor atención. Lo que digo es tremendo. En función del perfil humano de los directivos se puede prever una parte sustancial de su agenda como directivo. ¡A veces en flagrante contradicción con la agenda que requiere el juego competitivo!

Un directivo que no sepa moverse con soltura en las cuatro esquinas puede desequilibrar una organización. Mientras más esquinada sea su gestión menos sostenible serán sus resultados. Con una excepción: el directivo que hereda una organización desequilibrada y que para equilibrarla necesita enfatizar alguna de las esquinas débiles de la administración anterior.

Por ejemplo, Juan Villalonga realizó en Telefónica una gestión muy anglosajona, aunque él también tenía bastante de latino. Con todos los excesos propios de una persona intensa. El resultado fue una serie de decisiones valientes, algunas geniales, otras con consecuencias muy negativas para la empresa y para los equipos humanos.

Su sustituto, César Alierta, ha centrado su gestión en poner orden por dentro, hacer una gestión más germana, que casualmente es también bastante coincidente con su personalidad. En su mandato el foco ha sido lo de dentro, el orden, la simplificación organizativa, la vuelta atrás en todo lo que era arriesgado y no acababa de funcionar. Las decisiones de expansión han llevado su tiempo y han estado bien estudiadas.

La gran cuestión es si César Alierta ha dejado espacio en su equipo a un buen número de directivos con alma latina. Los necesita para que hagan de contrapeso a su manera de dirigir y para que transformen Telefónica hacía el cliente y hacía una mentalidad más comercial y emprendedora. Es típico de un directivo con mente germánica centralizar en exceso el poder en sí y rodearse de gente con el mismo perfil de ver las cosas. Y eso es un error.

Otro ejemplo práctico. En un departamento de Márketing, si el perfil de las personas con más poder es emocional, es muy probable que su gestión sea deficiente desde el punto de vista operativo y que los procesos sean bastantes débiles. Por eso, no es ninguna tontería rodearse, también en lo profesional, de personas con distinto perfil al nuestro.

Las personas *iguales* a ti, a largo plazo, no te añaden gran cosa. Yo aconsejo crear Comités de Dirección con un cierto equilibrio entre las distintas personalidades. Un buen directivo procura que los racionales y los emocionales tengan sitio en su equipo, y tiende puentes entre ellos para sacar todo el beneficio posible de un respetuoso contraste de puntos de vista entre las distintas mentalidades.

Por eso, en el diseño de estructuras de una organización, es bueno crear una *tensión sana* entre los que son, según se ve en el cuadro 2, más de «derechas», los emocionales, y los de «izquierdas», racionales. Crear tensión sana supone que el que hace cabeza no toma partido por ninguna de las dos posiciones y procura activamente tender puentes entre ambos lados. Supone también que deja espacio para que cada lado articule sus soluciones y ambas partes se escuchen y se comprendan.

Del debate sano entre racionales y emocionales surgen ideas de integración que suelen ser las más eficaces, las más realistas, las más inteligentes. A esto lo hemos llamado el *teorema del punto*. Para localizar un punto hacen falta dos coordenadas. Igual en casa y en la empresa. Las cosas no se ven con profundidad si no se escucha a dos personas, una de cada *raza*, con estructuras mentales distintas. Dos puntos de vista parciales, pero polarizados, hacen más fácil ver las cosas imparcialmente.

En el diseño de estructuras mi amigo Isaac Adizes sugiere segregar las tareas más racionales de las creativas y poner al frente de estos bloques a personas muy afines, en su estructura mental, a la tarea que han de realizar. Al frente de los racionales, propone un *Chief Operating Officer [COO,* Director General de Operaciones], y a la cabeza de los más emocionales, un *Chief Development Officer [CDO,* Director General de Desarrollo]. El papel del Consejero Delegado, el *Chief Executive Officer (CEO),* es de árbitro y de artífice del respeto e integración, en la lógica del negocio, de estas dos perspectivas.

La razón para esta aparente segregación de funciones está en que los racionales (anglosajones y germanos) son buenos para el día a día, pero se les puede escapar el futuro, la creatividad, el aspecto emocional de los negocios. Son buenos gestionando la complejidad pero no visionando los procesos de cambio del futuro. Sin embargo, los más emocionales (latinos y asiáticos) históricamente han sido más creativos y mejores impulsando los procesos de cambio. Por el contrario, su capacidad de gestionar el día a día no suele ser tan buena como la de los primeros.

Por tanto, el COO debería de supervisar tareas como Producción u Operaciones, Logística, posiblemente Ventas en su vertiente más de organización, Administración de Recursos Humanos, Control de Gestión, Auditoría, etc. En cambio, el CDO tendría a su cargo I+D, Ingeniería, Desarrollo de Productos, Finanzas, Desarrollo de Recursos Humanos, Márketing, etc.

Indirectamente, lo que estoy sugiriendo es que no se deben mezclar Márketing y Ventas; ni Producción con I+D o Ingeniería; tampoco Finanzas con Control; ni Administración con Desarrollo de Recursos Humanos. Tienen naturaleza distinta. Si se mezclan, uno de los dos saldrá perdiendo.

4. ¿Y si la solución estuviera en gestionar la polaridad?

Igual que la electricidad necesita de la conexión de dos polos opuestos, la construcción de los sueños requiere la capacidad de conectar lo racional con lo emocional, los datos con las ideas, el hoy con el mañana, los hechos con las personas y los resultados con la cohesión. Para que la vida tenga color, y relieve, necesitamos contrastes, necesitamos gestionar la polaridad.

Hay que entrenarse en la polaridad y crearla en los ambientes domésticos y profesionales. En el doméstico hay una polaridad muy sugerente aunque pueda ser objeto de controversia. Es la polaridad entre la masculinidad y la feminidad. Ninguna de las dos es privativa ni del hombre ni de la mujer. Los hombres tenemos masculinidad y feminidad como las mujeres tienen feminidad y masculinidad. Lo cual es muy sano. Y conviene fomentarlo. La versatilidad para moverse en los polos masculinos y femeninos, si las circunstancias lo requieren, es de gran utilidad en la vida.

Una de las cosas que más ayuda a que las relaciones de pareja funcionen bien es que el hombre ejercite habitualmente su masculinidad y la mujer su feminidad. En plano de igualdad. Con enorme respeto a lo que representa cada uno de los ejes. Sin que uno suponga ventajas sobre el otro. Cada cosa al servicio de un sueño común.

El diccionario de la lengua española es parco y «carca» a la hora de describir lo masculino –varonil, enérgico– y lo femenino –débil y endeble–. Yo lo masculino lo asocio al cuadrante anglosajón, y lo femenino, al cuadrante asiático.

En una pareja se pierde la química entre sus componentes cuando los dos se mueven en el eje masculino, o en el femenino, o el hombre en el femenino y la mujer en el masculino. No hay polaridad, o existe una polaridad artificial.

Todos hemos de movernos cómodamente en los dos planos. Eso significa que el hombre ha de sentirse muy cómodo en su masculinidad y ha de conectar con su feminidad todas las veces, abundantes, en las que las circunstancias lo requieran. La mujer también debería poder utilizar su feminidad sin ninguna cortapisa ni complejo y conectar con su masculinidad cuando le sea conveniente, que será muy a menudo.

En las relaciones de pareja es especialmente importante que se respeten los planos naturales de cada uno. Polaridad significa también que el hombre corrija los lados malos de la masculinidad con su feminidad y que la mujer haga lo propio procurando que su personalidad femenina se enriquezca con su habilidad de actuar en clave masculina cuando lo requieran las circunstancias. La polaridad se puede llegar a romper también cuando el hombre no valora la feminidad ni la mujer la masculinidad. La polaridad puede desaparecer cuando en las relaciones de pareja las mujeres actúan en clave de masculinidad o los hombres en clave de feminidad.

A veces, el trabajo profesional y el reparto de papeles en casa pueden hacer que una mujer haga tareas más propias de la masculinidad o el hombre de la feminidad. Razón de más para insistir en la verdadera importancia de que el hombre se reencuentre en su masculinidad y la ejercite en estos ámbitos. Un hombre que sea asiático de mentalidad, que haga trabajo de asiático en lo profesional y tenga como pareja a una anglosajona, puede acabar perdiendo su capacidad de ejercitar la masculinidad. Es posible que eso derive en una personalidad débil que malogre sus sueños.

Igual pasa con las mujeres. Una mujer anglosajona, con una profesión con tareas anglosajonas y con un marido que le ha cedido el terreno anglosajón en casa, puede acabar dejando de saber ejercitar la feminidad, con el consiguiente empobrecimiento que eso supone. Y el coste en la consecución de sus sueños.

A lo largo de los años, he comprobado con sorpresa cómo muchas mujeres directivas han forjado su carácter y personalidad en la escuela de la masculinidad sin hacer ninguna concesión en su trabajo a su feminidad. Creo que esto es trágico para todos, también para ellas. Se puede dirigir empresas extraordinariamente bien desde la feminidad. Las mujeres no han de dejar de ser femeninas para dirigir bien una organización. Tenemos un patrón masculino de la dirección que en parte tiene la culpa. Me imagino que a similar constatación habrán llegado las mujeres al encontrarse en el trabajo a hombres con una feminidad dominante. Para mí, es un problema similar.

En el ámbito profesional, la polaridad se debe fomentar de igual manera. Por ejemplo, a la hora de formar equipos. En casi todos los proyectos es bueno que coexistan personas con las cuatro sensibilidades y que se fomenten las contribuciones de todos. Es un error crear gabinetes con personas de la misma sensibilidad. La verdadera pluralidad y diversidad no se da entre etnias y sexos, sino entre personas con mentalidad distinta. Manejar esa diversidad es un reto y requiere de un liderazgo mucho más inteligente. Ese liderazgo pone en marcha procesos de avance muchos más firmes y acaba creando una escuela de tolerancia para todos.

Tanto en política como en la cúpula de las empresas es frecuente la existencia de *tándems*, de un primero y un segundo, que actúan muy en equipo. Los mejores *tándems* se dan entre personas de la diagonal del cuadro 2. En España lo vimos en política con Felipe González (latino) y Alfonso Guerra (germano); José María Aznar (germano) y Rodrigo Rato (latino-anglosajón), etc.

Las personas que se sitúan en la diagonal suelen pasar por tres fases. La primera es de atracción mutua. Lo que ves en la otra persona te atrae, ya que hace especialmente bien lo que uno realiza peor. Es la fase del descubrimiento. Una segunda fase, casi inevitable, es la del conflicto. Es lógico que la distinta visión del mundo que se da desde cada esquina genere tirantez en el día a día. Las siguientes fases son la de la ruptura o la de la complementariedad. La primera, cuando no se sabe gestionar el conflicto o se pierde el respeto mutuo. La segunda, cuando se aprende a respetar el punto de vista contrario. En la complementariedad, fase tres, la gestión de la polaridad se realiza de manera natural.

5. Resumen del capítulo

Las personas vemos las mismas cosas de manera distinta. La razón de fondo está en los hábitos con los que nos hemos acostumbrados a mirar a nuestro alrededor y en la sensibilidad que más hemos desarrollado. Hay una sensibilidad *anglosajona*, donde el foco está en los resultados y en la detección de oportunidades. Existe una sensibilidad *latina*, en la que el acento está en la seducción y en la creatividad. Hay también una sensibilidad *asiática*, donde prima más el equipo y la armonía. Por último, una sensibilidad *germánica* en la que se priorizan las tareas y la eficacia.

Todos los enfoques son legítimos, pero también todos son parciales. La persona que abuse de una de las sensibilidades pone en peligro la sostenibilidad de sus resultados. La construcción de los sueños requiere que practiquemos la polaridad. Polaridad es la capacidad de conectar las sensibilidades más alejadas y tensionarlas para que generen avance, aprendizaje, diversidad, contraste y energía. La polaridad –en el trabajo y en casa– es necesaria para la construcción de tus sueños.

2

¿Qué oyes en tu interior? Las seis voces interiores que guían tus sueños

Las personas actuamos de maneras muy distintas, pero siempre por las mismas razones. ¡Y son sólo seis! Yo las denomino «voces interiores». Todos los problemas que ahora tienes —y los que tendrás— y también todos los buenos momentos que has vivido —y los que te quedan por vivir— tienen que ver con esas seis voces interiores.

Las voces interiores te hablan en voz baja, pero constantemente; y o te mantienen vivo o te matan a cámara lenta, según las interpretes. Tus voces interiores suscitan deseos que necesitan de una alimentación permanente, diaria. Y la calidad de tu salud emocional depende directamente de la dieta con la que nutres tus deseos. Las primeras cuatro voces interiores son más intensas, más apremiantes. Y aunque lo que te piden es legítimo, resulta fácil alimentarlas exclusivamente con golosinas, helados y baratijas, como haría cualquier niño si sus padres no hiciesen nada por impedirlo.

Es necesario que interpretes con inteligencia las cuatro primeras voces interiores y que les proporciones una alimentación adecuada para desplegar con plenitud tus cualidades y tu personalidad; y sobre todo, para poder llegar a escuchar la quinta y la sexta voz, que son más sutiles y delicadas, ya que de ellas dependen tus sueños, tus logros y tu felicidad.

Por lo tanto, uno de los aspectos clave para que tu vida sea una vida lograda es que sepas gestionar inteligentemente tus necesidades emocionales, es decir, que logres entender el verdadero mensaje de las voces interiores y que tengas la disciplina de alimentarlas con una dieta equilibrada, en la que no hay lugar para los caprichos, las chucherías y las excursiones a la despensa.

Las necesidades emocionales están detrás de tus motivaciones, y éstas, a su vez, son las que mueven tu conducta, con la que –día a día, minuto a minuto y segundo a segundo– enriqueces o empobreces tu vida. De modo que si aprendes a manejar bien tus necesidades emocionales garantizarás el buen rumbo en la aventura única e intransferible de vivir tu propia vida.

Hay infinitas maneras de alimentar los deseos emocionales. Cada voz te dice lo que necesita, pero no cómo resolverlo; eso lo deja en tus manos. Como cuando un bebé llora y sólo su madre parece capaz de averiguar si tiene hambre o frío o sueño. Hay muchas maneras de contestar a las voces interiores. En un extremo, están los alimentos de las emociones tipo *fast food*, que quitan el hambre pero alimentan mal. Y en el otro extremo, la comida sana, que además de quitar el hambre, permite incrementar los recursos personales, que a su vez son la base de la construcción de los sueños. Mal alimento es igual a problemas a medio plazo; como sucede con el alimento material.

Las necesidades emocionales son herencia del aprendizaje del género humano a través de miles de años de historia. Y se manifiestan mediante las voces interiores. La humanidad aprende a través de experiencias asociadas a sensaciones de placer o de dolor. Nuestros antepasados han observado y sentido millones de patrones de conducta que acaban bien y millones que acaban mal. Y estos patrones constituyen el acondicionamiento neuro-asociativo que tenemos como especie, la base neurológica de las voces interiores.

Tu cerebro utiliza un sistema de alertas –las emociones agradables y desagradables– para advertirte sobre si lo que te está pasando en este momento se corresponde con un patrón bueno (sentimiento de satisfacción) o con un patrón peligroso (sentimiento de insatisfacción). En cierta medida, las emociones son alertas que sirven para actuar y, por tanto, valen su peso en oro si las sabes interpretar y utilizar.

Lo normal en las personas es sentirse a gusto, tranquilas, ilusionadas y felices. Si de modo habitual tus emociones son otras, es que tienes algún problema por resolver. Dentro o fuera de ti; o en los dos sitios, que son los casos más complicados. La fiebre cumple el mismo papel que las emociones, pero con el sistema somático. Las emociones desagradables, además de advertirte del problema, lo que te sugieren es que tomes medidas para volver a la situación normal, que es la de estar sereno y feliz.

La presencia y la satisfacción de las necesidades emocionales han desempeñado un papel importante en la historia de la humanidad. Aunque imperfectas, nos han permitido en su conjunto tener un mecanismo de navegación en entornos cambiantes. Ya se sabe que las especies con más capacidad de adaptación y especialización son las que más sobreviven. Esto lo he discutido con mi amigo Eduard Punset y para él, experto en estos temas, la evidencia del papel de las necesidades emocionales básicas en la conservación de la especie es aplastante. ¡Las cuatro primeras voces han sido la carta de navegación de las especies que sobreviven!

Si alimentamos bien las necesidades emocionales personales, y respetamos las de los demás, creamos dinámicas de progreso a nuestro alrededor. Muchas personas cometen el error de pensar que cualquier alimento, cualquier respuesta a las voces interiores es legítima con tal de que sacie inmediatamente el hambre emocional. La realidad es que una inadecuada alimentación de las necesidades emocionales crea fuertes desequilibrios que impiden el logro personal.

La dieta personal (véase el cuadro 3) incluye tanto alimentos materiales como alimentos conceptuales, como las creencias, los valores, etc. La dieta también puede incluir alimentos externos o internos. Ser capaz de alimentar las necesidades emocionales con alimentos conceptuales internos que sean sanos es una gran conquista personal, como veremos con más detalle después.

Cuanto mejores son las creencias internas, menos importancia se le da a lo que otros piensan, a lo que otros ven en mí y a lo que poseo. La fortaleza de las creencias internas representa una gran conquista humana y proporciona una libertad interior y un señorío inusuales. Los alimentos materiales y externos (lo que otros ven en mí) pueden ser una gran trampa en donde se encadene la libertad y la dignidad personal. Cuando una persona vive exclusivamente para impresionar y de la impresión de otros llena de vacío su mundo interior y mutila su capacidad conceptual. Todo esto lo explicaré con más detalle a continuación.

Cuadro 3. Las distintas maneras que tenemos de alimentar los deseos básicos

Fuente: Luis Huete, 2005.

La influencia de lo externo en las emociones es proporcional al desarrollo de lo interno y conceptual. O dicho de otra manera: una persona con escasez de buenas creencias puede llegar a sufrir incluso en circunstancias buenas, y una persona con buenas creencias es capaz de disfrutar de su vida incluso en circunstancias difíciles.

Ya desde muy antiguo se nos advirtió que lo que nos hace sufrir o disfrutar no es lo que hacemos y lo que nos pasa, sino el sentido que le damos a cada momento vivido. Si desarrollas hábitos cognitivos sanos (esto es, una manera de pensar saludable) serás capaz de alimentar las necesidades emocionales con tus propias creencias y protegerás tus ilusiones y tus sueños de los acontecimientos externos negativos.

1. Los seis deseos que mueven el mundo

Tenemos seis voces interiores. Las seis voces hacen peticiones razonables, pero su interpretación acertada no es nada obvia. Estamos ante un juego delicioso en el que ganar supone acabar la partida con una nota alta en cada una de las peticiones que nos hacen las voces. El juego está diseñado de tal manera que resulta imposible ganar sin pensar. Pensar para interpretar el verdadero requerimiento de la voz interior. Si te equivocas, el juego te penaliza y no avanzas.

Las voces son el medio de expresión de cuatro deseos básicos y dos avanzados: los seis deseos mueven el mundo. Estas voces guían la historia y revelan las razones últimas por las que haces las cosas. Las instrucciones del juego de la alimentación de los deseos facilitan la discriminación de los alimentos que te conviene emplear en tu dieta personal, ya que no todos tienen los mismos efectos a largo plazo.

La primera voz de nuestro interior es la de la **seguridad**, una necesidad emocional que reclama estabilidad, orden, previsión, certeza, confort y control. La voz de la seguridad envía constantes mensajes de aviso para evitar lo que nos hace sufrir, las complicaciones, lo incierto, el miedo, etc. En tu despensa hay una gran variedad de alimentos con los que satisfacer la voz interior de la seguridad, pero no todos tienen los mismos efectos secundarios.

Hay alimentos que sacian inmediatamente tu deseo de seguridad en una circunstancia que te inquieta o te desestabiliza, pero el *fast food* puede empequeñecerte, recortarte el horizonte y convertirte en una persona rígida, amordazada por tu propia colección de reglas y encadenada voluntariamente a tus disculpas para no afrontar la necesidad de cambiar.

Por el contrario, hay otras interpretaciones de la voz de la seguridad con efectos muy beneficiosos a largo plazo, como son una buena preparación profesional, aprender a tener fe en ti mismo, saber enfrentarte a los riesgos, saber prever y anticiparte, o ser metódico y a la vez estar abierto al cambio.

No hay mejor interpretación del mensaje de la voz interior que nos pide seguridad que desarrollar una sana seguridad en tus posibilidades personales, en el valor del esfuerzo y de la preparación, en la creencia de que hacer frente a dificultades es parte de la vida, que las dificultades son pasajeras y que la adversidad siempre lleva la semilla de la grandeza.

Un ámbito de nuestra vida pasa a ser prioritario sobre otro si es una fuente de seguridad subjetiva mayor que el otro. Por ejemplo, si en el trabajo te manejas bien y todo está bajo control, pero en casa no, te acabarás sintiendo más atraído por el trabajo y dedicándole más tiempo del debido.

Para equilibrar los ámbitos en los que te mueves, no hay nada mejor que desarrollar una sana seguridad en ti mismo que haga que sientas seguridad en ambas tareas. Cuando algo se percibe en clave de seguridad, resulta atractivo. Si en algún ámbito, en el trabajo o en lo personal, se experimenta inseguridad, se acaba desarrollando un rechazo hacia ello.

Nuestra segunda voz nos pide que cambiemos, que exploremos, que salgamos, que no nos importe la complejidad. Estamos ante un altavoz del deseo de **variedad**. Consiste en la necesidad de transgredir, de crear, de explorar, de competir, de dinamizar, de soltarse el pelo... Es la voz que nos lleva a buscar la sorpresa, el reto y la diversión, y que nos sugiere evitar lo monótono, lo aburrido y lo gris. El aburrimiento y la apatía son algunos mecanismos de aviso de nuestra segunda voz.

Hay muchas maneras de interpretar la voz de la variedad. Unas buenas: ponerse objetivos y retos, aspirar a ser más culto, interesarse por las cosas, leer, estar abierto a los demás, cultivar una mentalidad más renacentista, etc. Otras, por el contrario, tienen efectos secundarios nocivos: la frivolidad intelectual, el recurso a los estupefacientes, el alcohol, la superficialidad, la peligrosidad, la infidelidad a los compromisos, las peleas, la trasgresión de los derechos de otros, el sexo mecánico, etc. La dificultad en interpretar bien las voces es parte del juego. Las interpretaciones erróneas normalmente están hechas con buena fe, pero con poco empeño y con poca inteligencia en entender el juego de las voces.

El juego de las voces es la guía de nuestros sueños. La correcta interpretación de la segunda voz apunta a plantearse retos, a ser flexibles, a estar abiertos al cambio, a hacer cada día más interesantes las tareas profesionales y personales, a no tener miedo, etc. La baja complejidad en la vida puede dificultar ganar la partida en el juego de la segunda voz.

Si en las distintas parcelas de nuestra vida una representa el reto (trabajo) y otra el aburrimiento (familia), no es difícil imaginar cuál acabará desplazando a cuál en las prioridades personales. Los retos, el cambio y la diversión deben ser algo cotidiano y de aplicación a todos los ámbitos de nuestro logro personal. La buena interpretación de la segunda voz te permite seguir en el juego. Si te equivocas, retrocedes y has de volver a jugar. Si te equivocas, dejas de oír las voces más interesantes y que más satisfacciones dan, que son la quinta y la sexta.

Nuestra tercera voz nos pide que destaquemos, que busquemos un espacio propio, que tengamos personalidad, que seamos independientes. Es el altavoz de la necesidad de **singularidad**, la cual crea el deseo de llamar la atención, de destacar, de ser mejor que los demás, de ser único, de ser especial. Todos tenemos deseos de destacar. La historia nos ha mostrado sus ventajas: quien gana a los demás se llena de privilegios; el que no destaca es carne de cañón; la recompensa que recibe el mejor es desproporcionadamente superior al esfuerzo que ha realizado; y al peor le sucede lo contrario.

La singularidad es un deseo legítimo, como los demás, pero puede ser interpretado de manera poco inteligente; por ejemplo, siendo despectivo, criticando a los demás, despreciando las opiniones ajenas, manipulando a la gente, haciéndoles sentirse inferiores, etc. Estas interpretaciones de la singularidad entran en conflicto con las necesidades emocionales de otras personas, como su deseo de seguridad o de singularidad; y por supuesto –como veremos– dificultan sintonizar con las mejores voces interiores.

La mejor manera de interpretar la voz de la singularidad es valorándose uno a sí mismo por lo que es, no por lo que tiene, fomentando un sentido de misión en lo personal y profesional, destacando en el espíritu de servicio a los demás, en la vitalidad personal, fomentando el sentido de responsabilidad, etc. Estas interpretaciones te permiten seguir en el juego. Sin penalizaciones. Sin retrasos injustificados. Avanzando a buen paso hacia el sueño personal.

La cuarta voz nos reclama comprensión, cercanía a los demás, calor, interés por el desarrollo de otros, solidaridad, afiliación. La cuarta voz hace de altavoz de la necesidad humana de **conexión**. Es el deseo de compartir, de ser aceptado, de pertenecer a un grupo, de ser querido. Es la voz que hace que intentemos evitar la marginación, la soledad y el rechazo. La que actúa a través de las emociones ligadas al amor y a la soledad, para alertarnos de patrones de acontecimientos con alta probabilidad de éxito (ser querido) o patrones con alta probabilidad de fracaso (soledad).

La voz de la conexión se interpreta correctamente estando abierto a los demás, fomentando el sentido de hermandad, dedicando tiempo a actividades de solidaridad, comprometiéndose en ayudar a la familia, haciendo equipo, delegando, etc. Por el contrario, son malas interpretaciones de la voz de conexión el gregarismo, las sectas, la falta de coraje para enfrentarse al que nos perjudica, etc. De nuevo, si te equivocas en la interpretación, repites jugada. Y pierdes posiciones en el juego.

2. ¡Vuelve la polaridad!

Entre las voces de la singularidad y de la conexión hay un aparente conflicto; y lo mismo sucede entre las voces de la seguridad y de la variedad. Pero son estas tensiones las que hacen interesante el juego y dan relieve a la vida. Si juegas con inteligencia, es decir, si interpretas con equilibrio tus cuatro voces −¡y las voces de los que te rodean!−, ganarás la partida: lograrás construir tus sueños.

Muchos problemas de la vida proceden de la incapacidad de jugar en distintos terrenos. La tentación de inclinarse hacia un deseo a costa de otro es grande. Por ejemplo: hay maneras de destacar en lo profesional (singularidad) que te alejan de los demás en la dimensión personal (conexión). Eso es pan para hoy y hambre para mañana. Un indicador clave de tu salud emocional es la capacidad que tienes de conectar con los demás sin renunciar a tu propia personalidad. Una dialéctica parecida se presenta entre la seguridad y la variedad, dos deseos aparentemente contradictorios, pero que en realidad se necesitan. Para hacer frente a un gran reto (variedad) se debe crecer en autoconfianza (seguridad). Y para ganar en confianza en uno mismo conviene hacer frente a grandes retos.

La solución al juego de las cuatro primeras voces ha sido desvelado: las pistas para alimentar bien un deseo están en su contrario. Así, crece la seguridad cuando hay una adecuada gestión de la variedad, y aumenta la capacidad personal de retarse cuando hay una correcta interpretación de la seguridad. De igual manera, mejora la singularidad cuando existe buena conexión, y hay conexión cuando la singularidad ha sido bien interpretada.

Sin embargo, con las primeras cuatro voces bien alimentadas no se concluye el juego. Al revés, empieza la etapa más fascinante. De hecho, la adecuada interpretación de las dos voces avanzadas, el progreso personal y el progreso social, depende del juego realizado con las primeras cuatro voces. Las personas que aprenden a vivir sin miedos, a retarse, a valorar su papel en la vida y a sentirse cercanas a los demás acaban generando una energía arrolladora, originada por la polaridad, por la conexión de polos opuestos.

3. La quinta y la sexta voz: el desafío de dejarse llevar por ellas

Las dos últimas voces interiores son las más nobles, las más humanas y las que más satisfacciones pueden llegar a proporcionar. Son las voces menos impacientes, las menos agobiantes: se dejan oír sólo cuando uno se prepara para ellas. Por eso hay quien nunca las escucha: el que repite jugada una y otra vez en las cuatro voces básicas. Y es que se necesita oído fino para escuchar la quinta y sexta voz.

Las reglas del juego de los sueños imponen como interpretaciones correctas de las primeras cuatro voces las que son compatibles con el deseo de progreso personal y social. De hecho, el que interpreta las primeras cuatro voces de forma que se dificulten dichos progresos repite jugada. Por eso, el criterio clave para discernir la calidad de los alimentos de las necesidades emocionales es si facilita o impide el progreso personal y social. Cuando lo dificulta, el alimento es *fast food* emocional. Cuando lo posibilita, es alimento sano. ¡Y además puede ser sabroso!

La quinta voz es la que nos pide que progresemos como personas. Que seamos realmente mejores. Que ensanchemos nuestras posibilidades. Que no pongamos límites a nuestro progreso. La quinta voz es el altavoz del deseo humano de **crecimiento personal** y autosuperación. Es el deseo de ir a más, de progresar, de avanzar y de superar lo logrado.

Es una voz que puede llegar a ser muy intensa cuando las cuatro primeras voces han sido bien interpretadas. El deseo de crecimiento personal nace también de la observación de patrones de conducta-resultados realizado por nuestros antepasados. Ya no hay mucho espacio para las malas interpretaciones, quedan al descubierto enseguida. Pronto se descubre que la interpretación óptima de la quinta voz es la mejora de la sabiduría, del conocimiento profundo de lo que nos rodea. La quinta voz nos mete de lleno en el contenido de los sueños más audaces.

La última de las voces nos pide progreso social, involucrarse desinteresadamente en proyectos de cooperación y desarrollar una mentalidad de servicio a los demás. La sexta voz interior exterioriza la necesidad emocional de contribución y **progreso social**. Es el deseo de hacer cosas que sean útiles y valiosas para otros. Es el deseo de dejar labor hecha que beneficie a los demás. La voz del progreso social, junto a la del progreso personal, ha salvado nuestra civilización. Las personas que han escuchado estas voces nos han hecho un gran servicio y han sido referentes de lo posible y de lo importante.

La voz del progreso social también nace de la observación histórica. Las personas que han escuchado esta voz han acabado recibiendo más de lo que dieron y se han instalado en un círculo sistémico de crecer, dar y recibir.

Si no se interpretan bien los verdaderos mensajes que contienen, las voces quinta y sexta también pueden llegar a ser excluyentes entre sí. Se puede apostar por el crecimiento personal sin prestar ninguna atención al concepto de progreso social, pero sería un error –porque aquél necesita de éste para su profundización– y una pena… ¿No has conocido a nadie que responda a ese patrón?

El progreso personal y el progreso social se necesitan mutuamente. El juego de las voces es implacable. El logro en una voz se encuentra en la voz opuesta. El progreso personal se hace más sostenible con el progreso social. Las dos últimas voces nos llevan a la construcción de los mejores sueños. Las personas que se han instalado en el progreso personal y social disfrutan de energía, de vitalidad y de euforia, y aumentan su sabiduría y su capacidad de amar. Son personas que han sabido jugar bien con las seis voces y que –con un constante esfuerzo– han conquistado el sueño de una vida lograda.

El juego de las voces interiores dura toda la vida, así que, cuanto antes aprendas a jugar, podrás disfrutar de más satisfacciones. Pero ten en cuenta que también puede haber «des-aprendizajes», marchas atrás... y vuelta a empezar.

El aprendizaje es observable en las prioridades y en las interpretaciones que se dan a las voces. Es señal de un aprendizaje avanzado prestar cada vez menos atención a las cuatro voces básicas y escuchar más las dos últimas. Es muy mala señal dedicar excesiva atención a las voces de la seguridad y singularidad, sobre todo si se convierten en las dos máximas prioridades. Los efectos de inclinarse hacia esas dos voces y de interpretarlas incorrectamente son nefastos para la convivencia pacífica.

Las personas –y las naciones– que sólo oyen las voces de la seguridad y singularidad se complican la vida; se vuelven resistentes al cambio; llenan su vida de reglas que les proporcionan una certeza y una seguridad falsa; encuentran una equivocada comodidad haciendo las cosas de la misma forma; admiten pocas críticas; se molestan por los comentarios de los demás; interpretan como falta de respeto cosas que no lo son... En definitiva, el resultado es una convivencia difícil y, en consecuencia, son personas a las que los demás tratarán de esquivar.

Una muestra muy clara de aprendizaje en el juego de las voces es hacer que tanto el progreso personal como la contribución social se conviertan en las dos grandes prioridades de la vida, en dos de las voces a las que se presta más atención. Cuando estas dos prioridades se hacen presentes en la vida de una empresa, de una nación o de una persona, lo normal es que las otras cuatro voces, las básicas, se aquieten y se contrapesen de forma natural.

4. Las voces interiores y su papel en la historia

El enfoque de las voces interiores no sólo sirve para entender la lógica de las emociones de las personas, sino también el devenir de las naciones, la cultura de las empresas, las relaciones en los grupos, la dinámica de las familias, etc. Allá donde haya personas, este esquema resulta útil para interpretar lo que hacen y las dinámicas que ponen en marcha. ¡Las voces guían las conductas humanas!

Mi amigo Javier Fernández, en su ensayo *La gestión de los sentimientos organizativos*, hace notar cómo la historia reciente puede interpretarse en clave de la dialéctica entre razón (la voz del orden, la primera voz en mi esquema), voluntad (la voz de la imposición, del reto, del gusto por lo difícil; la segunda voz) y emoción (las voces de libertad y afiliación; la tercera y cuarta).

El resultado de este análisis en los últimos dos siglos podría ser el siguiente. El Antiguo Régimen se caracterizó por un voluntarismo a ultranza. La Revolución Francesa, en cambio, fue la entronización de la razón, que produjo como reacción el romanticismo y la reivindicación de los sentimientos. Nietzsche, a finales del siglo XIX, manifiesta la necesidad de recuperar una voluntad férrea que dé lugar al superhombre. Siempre la misma dialéctica.

Ya en el siglo XX, las cosas no cambian mucho. Se empieza con una inflexión hacia el racionalismo, que después de la Primera Guerra Mundial, da lugar al sentimentalismo de los felices años 20. La gran depresión proporcionó alas a nuevos voluntarismos de consecuencias nefastas, como fueron el comunismo, el nazismo y el fascismo. La Segunda Guerra Mundial trajo el fin de los voluntarismos y nos dejó una prolongada etapa de un romanticismo mercantilizado.

¿Qué nos traerá el incipiente siglo XXI? Toca una época de racionalidad (la voz del orden) o de voluntarismo (la voz de la imposición). Las sociedades puede que necesiten de unos buenos gestores que pongan orden y recuperen los valores y principios. El islamismo radical, el mesianismo de algunos y los nacionalismos excluyentes de otros son malos presagios para una humanidad que sólo necesita progreso personal y social. Y todo por la falta de polaridad y de inteligencia en la gestión de las voces interiores.

5. Resumen del capítulo

Hay seis voces interiores que escriben el guión de nuestros sueños. Los sueños proyectan e interpretan unas voces interiores que nos acompañan a lo largo de la vida. La construcción de los sueños requiere escuchar inteligentemente el mensaje de las voces interiores y entender su lógica interna.

La lógica interna de las voces interiores permite resolver el aparente conflicto que existe entre ellas. Así, la seguridad no está en conflicto con el cambio sino que se necesitan mutuamente. Igual sucede con las voces de la singularidad y de la conexión. El gran desafío de las personas es dejarse llevar por las voces superiores, la quinta y la sexta, que nos invitan a poner nuestras energías en el progreso personal y en la contribución a otros.

3

¿Ponen en peligro tu sueño las voces interiores? El *fast food* emocional

Alimentar a diario las necesidades emocionales es un reto, y alimentarlas bien, un arte: el arte de construir nuestros mejores sueños. Con la comida sucede igual: ¡qué tentadoras son las chucherías, las bandejas de pasteles y la comida rápida!, ¡y qué duro se hace al principio observar una dieta sana! Duro al principio, porque para eso están los hábitos, para facilitar con el paso del tiempo −a los que tienen fuerza de voluntad− lo que resultaba arduo al principio.

En el juego de las voces hay cuatro interpretaciones incorrectas que ponen en peligro los mejores sueños. Una mala interpretación de las voces se acaba convirtiendo en un alimento tóxico de los deseos y en un peligro para el progreso real. Si interpretas las primeras voces como más dinero (seguridad), más carrera profesional (variedad), más relaciones (conexión) y mejor imagen (singularidad), tienes un problema. Has caído en una de las trampas del juego. ¿Cómo?

Déjame que te lo explique. Una trampa del juego consiste en medir el éxito personal en función del dinero que ganas, la posición que ocupas, las relaciones que consigues y la imagen que tienes. Estos cuatro logros, que en sí son legítimos, pueden llegar a ser tóxicos cuando se transforman en tu respuesta automática a las primeras cuatro voces, cuando se convierten en la medida de tu propia estima, del respeto que te tienes y del juicio que haces sobre ti mismo.

Caer en la trampa de ligar éxito con dinero, poder, relaciones e imagen pone en marcha un proceso ruidoso y estridente que impide oír las voces del progreso personal y social. La trampa es la siguiente: quien desea valorarse más centra su esfuerzo en ganar más, en tener más poder, en relacionarse mejor y tener mejor imagen. Cuando obras de esa manera, se acaba notando que vas en el trabajo y en las relaciones sociales a «lo tuyo» y no a servir a la lógica del negocio o a los intereses legítimos de los demás.

Las personas que van a lo suyo acaban creando en los demás anti-cuerpos que dificultan el logro, precisamente, en las mismas áreas que se habían hecho medida del éxito. Cualquiera que trabaje con alguien que va a lo suyo, se pondrá fácilmente a la defensiva y mirará también por lo suyo, antes de que se lo lleve el otro. ¿El resultado? Toda la organización se resiente.

Una de las paradojas más sorprendentes de la vida es que a las per-sonas que no hacen del dinero, de la posición, de las relaciones y de la imagen la medida de su valía personal les suele ir mejor justo en esas mismas realidades. En parte, porque no crean anticuerpos en los demás y van al trabajo a dar y no tanto a recibir, y en parte, también, porque al ponerse a dieta de alimento «malo» han buscado y hallado alimentos de mejor calidad, como los que he mencionado en el capítulo anterior. Alimentos que se basan principalmente en creencias personales sólidas, maduras y al alcance de uno en cual-quier momento. ¡Han sabido interpretar el verdadero mensaje de las cuatro primeras voces!

Lo que estoy diciendo es muy importante: el juego de las voces interiores y de la construcción de los grandes sueños requiere la disociación de valía personal respecto a dinero, poder, relaciones e imagen. Y esto es posible cuando se acierta a entender y responder de modo sano el verdadero mensaje de las voces. De tal manera que la riqueza interior, de forma casi natural, atrae hacia sí las riquezas materiales, las oportunidades profesionales, las relaciones interesantes y el prestigio profesional. Y cuando vienen, se sabe disfrutar de todo ello.

Resumiendo, es conveniente que vigiles lo que oyes cuando hablan las cuatro primeras voces interiores, no vaya a ser que equivoques el tiro.

• La primera voz (seguridad) no te está pidiendo dinero. El dinero es importante, pero tienes que conseguir que no se convierta en la medida de ti mismo. Si lo logras, es muy probable que vayas al trabajo con una mentalidad de servicio (¡emocional!) a los demás. Tu cotización se dispara si haces cosas valiosas, si contribuyes a la felicidad y al bienestar de los demás. Si la medida de tu seguridad, variedad, singularidad y conexión es el dinero, es inevitable que lo busques de formas poco elegantes... ¡Te va en ello el concepto que tienes de ti! Y si lo haces, vas a conseguir un resultado no querido: la gente va a pensar que trabajas para tu agenda personal, para tu beneficio exclusivo, y se te van a poner a la defensiva. Son los anticuerpos que mencioné antes.

• La segunda voz (reto) no te está pidiendo carrera y poder. Lo mismo que he explicado antes respecto a la seguridad te puede suceder si haces de tu posición en el organigrama de una empresa o de una institución la medida de tu valía personal. No es una buena estrategia, porque la responsabilidad que otros te confían no es el auténtico termómetro de tu valor. Las personas que van a por el puesto de otro para alimentar su ego, suelen dejarse en el proceso su credibilidad y autoridad moral.

• La tercera voz no te está pidiendo imagen pública y aspecto exterior. Ese logro, legítimo, también puede ser peligroso. Si tu aspecto externo es la medida de tu estima personal, con los años corres el riesgo de comenzar a no quererte. En el trabajo, puede llevarte al lucimiento personal, a acaparar la imagen de la noticia, a ponerte las medallas de los demás.

• La cuarta voz no te está pidiendo relaciones sociales aunque así lo puedas creer. La atención que otros puedan prestarte tampoco debiera de ser la medida de tu valía. Se perdería la naturalidad. Quedaría al descubierto el carácter *interesado* del comportamiento. Se pondría en evidencia la debilidad personal.

Dos casos tristes –pero reales– de no disociación se presentan en las personas con anorexia o con un gran afán de poder. La anorexia, en parte, es producto de hacer de una determinada figura la medida de la valía de uno. ¿Cómo se incuba? A través de los deseos básicos, intentando seguir las voces interiores. Si el reto, la seguridad, la capacidad de ser aceptada y la singularidad se alimentan con la creencia de que la solución está en «un cuerpo superdelgado», las consecuencias no pueden ser otras que las que todos conocemos.

Si uno se cree que «no soy nadie si no tengo determinado aspecto, si no destaco», entra en una espiral peligrosa que puede llegar a matarle. Es una mala idea hacer del cuerpo el foco de la singularidad y de la conexión con otros. Es una mala idea hacer que el reto personal (la necesidad de variedad) se centre en estar delgado/a y, así, formar parte del grupo al que se aspira a pertenecer (conexión). También es una mala idea sentir que estar delgado/a da seguridad, trae recompensas. La suma de estas creencias puede llevar a que una persona se autodestruya.

Tenemos que ayudar a las personas con anorexia a descubrir que las mismas necesidades emocionales se pueden alimentar con la amabilidad, la generosidad, el sentido del humor, la preparación intelectual... que también conectan, permiten destacar, dan seguridad, suponen un reto... y que representan el verdadero mensaje de las voces interiores.

El poder puede desempeñar el mismo papel que la anorexia, pero en personas con ambición profesional. También la historia nos ha dejado multitud de personas que roban, matan y se convierten en hienas humanas por su afán –legítimo pero poco inteligente– de hacer del poder la medida de su valía. Si el poder es la piedra de toque de la singularidad, del reto, etcétera, hasta se puede llegar a *matar* con tal de incrementarlo o mantenerlo.

Un apunte más. Los excesos en las conductas suelen ser producto de carencias interiores. Por ejemplo, se es arrogante cuando no se tiene un concepto sólido de la valía personal. Se tiende al exceso de control en el momento en que hay una personalidad insegura, o se busca mucho la admiración de terceros cuando uno se quiere poco.

1. ¿Respetas el medio ambiente emocional?

Si quieres llevarte bien con alguien tienes que conseguir que tanto él como tú, simultáneamente, podáis alimentar las mismas necesidades emocionales. Es reconfortante sentirse importante haciéndoselo sentir a otros. Respetar el medio ambiente emocional consiste en divertirte haciendo que otros se diviertan, en sentirte querido haciendo que otros se sientan queridos, y en sentirte tanto más seguro de ti mismo cuando más seguridad das a otros. Si actúas así, respetas el medio ambiente emocional.

Hay relaciones en las que se dan las circunstancias contrarias, y suelen acabar muy mal. No se aguanta una relación en la que mi seguridad es tu inseguridad, mi diversión es tu aburrimiento, mi sentido de importancia es lo que te hace sentirte inferior, y mi conexión es tu soledad.

Si hago de la costumbre «decir siempre la última palabra» mi manera de alimentar la necesidad emocional de singularidad, es muy probable que tenga problemas de relación con otros. Mi manera de destacar crea en otros un estímulo que su cerebro lo interpreta como desprecio que, a su vez, coincide con el patrón de fracaso de la necesidad emocional de singularidad del receptor.

La construcción de tu sueño requiere una sensibilidad ecológica, también en lo emocional. Si quieres desarrollar las relaciones, debes encontrar maneras de alimentar tus necesidades sin crear problemas a las necesidades emocionales de otros. ¡Hay que respetar el medio ambiente emocional! Los demás también tienen sueños por construir y no les gusta que les pongan más dificultades añadidas a las que ya trae la vida.

2. Las voces interiores y el efecto expulsión

La causa de que muchas personas tengan personalidades y caracteres débiles está en la mala interpretación de las voces interiores. Bien por el factor sociológico (el entorno me enseña a interpretar mal) o bien por la escasa sensibilidad personal para discernir el contenido de la voz. Sin recursos personales no es fácil encontrar en el interior de uno la solución a los grandes deseos con los que se nace.

Todos corremos el peligro de crear un proceso sistémico de voces-respuestas que se retroalimente en sentido negativo. Ya se sabe que cuanta más hambre se tiene menos se discrimina el alimento que se toma. El hambre ciega. Igual pasa con las emociones. Cuanto más déficit se tiene en alguna de las cuatro necesidades básicas, peor alimento emocional se tiende a elegir y peor se entiende el mensaje de las voces interiores. Es el síndrome del *colgado* (mientras más hundido estás, antes te agarras a un clavo ardiendo). El *hambre emocional* puede originarse en una alimentación históricamente deficiente o en unas expectativas irrealmente altas.

Cuando las emociones se nutren con alimento tóxico, se produce un efecto expulsión. En economía, se habla del efecto *crowding out* cuando el crecimiento de la inversión pública expulsa del mercado a la inversión privada. En el mundo de la gestión personal pasa igual. La comida tóxica expulsa al alimento bueno poniendo en grave peligro los sueños personales de desarrollo personal y de contribución social. No se progresa en el juego de las voces. Se repite la jugada una y otra vez.

Cuando las personas no oyen el contenido real de sus voces interiores en las tareas de su trabajo o de su vida personal, se producen dos resultados. Por un lado, se rechaza interiormente lo que se hace, el trabajo o la familia, o ambas. Y eso, a su vez, provoca una reacción de frustración personal que puede hacer que las personas sean raquíticas en sus pretensiones o violentas en sus planteamientos.

3. Resumen del capítulo

La construcción del sueño personal corre peligro si las primeras cuatro voces son interpretadas de manera incorrecta, lo que sucede con demasiada frecuencia, desgraciadamente. Por ejemplo, cuando la medida de la valía personal se pone en el dinero que se gana, en el puesto profesional que se ocupa, en las relaciones sociales que se tienen o en la imagen pública. Estas realidades, valiosas en sí, no son la auténtica medida de la valía personal. Son la consecuencia natural de una persona valiosa y madura.

El respeto a la lógica interna de las emociones y a las necesidades emocionales de las personas que tenemos cerca son dos pilares básicos en la construcción de los sueños. La mala alimentación de las necesidades emocionales básicas expulsa el deseo de buscar una mejor alimentación y, en consecuencia, el *fast food* emocional pone en peligro la capacidad de movilización de las necesidades emocionales avanzadas y de la construcción de mejores relaciones personales.

4 | ¿Utilizas la adversidad en la construcción de tu sueño? Los mecanismos de defensa que evitan los bloqueos

La adversidad y los conflictos, si se gestionan bien, acaban siendo una palanca de mejora de los recursos personales. El inicio de muchas vidas logradas, de muchos sueños, ha estado en una adversidad o en una contrariedad importante. Son vidas que han logrado gestionar la adversidad utilizando mecanismos de defensa maduros.

Es una falacia pensar tanto que la vida va a estar exenta de conflictos como que cualquier mecanismo de defensa es de por sí beneficioso. El uso de mecanismos de defensa inmaduros propicia que el conflicto se convierta en una espiral de empobrecimiento humano. La adversidad y los mecanismos de defensa inmaduros bloquean los recursos intelectuales y emocionales de las personas.

Por tanto, la mejor manera de sacar partido a los conflictos y adversidades que nos traiga la vida es afrontarlos con mecanismos de defensa maduros. Éstos son *trucos,* en forma de amortiguadores, que alejan de nosotros el foco de tensión que representa habitualmente un conflicto. Como tales, hacen un gran servicio a las personas.

Sin ellos, las personas somatizaríamos la tensión inherente a los conflictos. Ahora bien, no todos los mecanismos de defensa acaban prestando un buen servicio a las personas. Los hay beneficiosos, los mecanismos de defensa maduros, y los hay peligrosos, los mecanismos de defensa inmaduros.

Uno de los mejores hábitos que podemos desarrollar consiste en utilizar de manera habitual, ante los conflictos del día a día, algunos de los siguientes diez mecanismos de defensa maduros:

1. **Conocerse mejor**. Las dificultades siempre traen información que permite mejorar el conocimiento personal y el del entorno. ¿Qué puedo aprender del conflicto? ¿Qué faceta de mi carácter es la que ha estropeando las cosas? ¿Por qué hago lo que hago? Estas preguntas, y muchas otras, son maneras de hacer que las dificultades sean útiles para mejorar en conocimiento propio. Conocerse mejor es una fuente de sabiduría, es la base de una vida de logro. Hablar con personas de confianza puede ser una buena manera de conocerse mejor.

2. **Razonar: ir por partes, separar, ver los matices**. Es la forma típica de proceder de los abogados. Descomponer la *gran bola de nieve* en sus partes para, sistemáticamente, actuar en lo que es resoluble. Consiste en introducir lógica para evitar que el aparente tamaño y dificultad del problema paralice la búsqueda de soluciones.

3. **Anticiparse y prever**. Muchas dificultades tienen un carácter cíclico o son producto de unas circunstancias que tienden a repetirse. La adversidad es una gran ocasión para desarrollar la capacidad de anticiparse y de prever situaciones futuras similares. Anticiparse significa tener hechos los deberes la segunda vez que ocurran.

4. **Desplazar el conflicto del foco de atención: ocio sano**. Las personas nos cansamos, y cuando nos faltan las fuerzas somos mucho menos inteligentes en la forma de manejar nuestras circunstancias. Para evitar llegar a la zona de *estrés malo,* resulta

fundamental detectar cuándo es necesario relajarse, y saber hacerlo. Todos deberíamos identificar 3 o 4 actividades que nos ayuden a sacar la tensión y a ponernos en forma.

Los conflictos nos piden que aprendamos a desconectar y a hacerlo eficazmente. Para unos, consistirá en hacer deporte (¿has leído el libro *Tu Entrenador Personal,* de mi amigo Fernando Sartorius?), para otros, se tratará de pasear, hablar, ver tiendas, ir al cine, etc. Cualquier actividad, antes que permitir que el cansancio genere crispación o ausencia de voluntad de resolver los problemas. Desde la crispación y el derrotismo es casi imposible resolver los conflictos. Cuando estamos bloqueados nos volvemos torpes para solucionar problemas.

5. **Desdramatizar y reducir la carga emotiva.** No es infrecuente que las personas tendamos a magnificar y a incrementar la carga emotiva de las dificultades. En parte lo hacemos para llamar la atención («sólo a gente singular le ocurren cosas tan malas...» se tiende a pensar), y para buscar compasión (es una forma de pedir conexión, que se ocupen de uno). Desde la irrealidad (dramatización) y la emotividad es más difícil ver las posibles soluciones al problema. Por eso, los hábitos de desdramatizar y quitar carga emotiva a las dificultades son un mecanismo de defensa que fomenta que las adversidades nos mejoren como personas.

6. **Sentido del humor al expresar, sin malestar, el conflicto personal.** O lo que es lo mismo, saber reírse de uno mismo; y hablar del problema sin personalizarlo en exceso. Saber reírse y saber hablar proporcionan a la razón y a las emociones más libertad para hacer frente inteligentemente al conflicto. Las personas que aprenden a reírse de sí mismas y que no se tragan solos los problemas van por la vida con mucha más soltura.

7. **Altruismo y espíritu de servicio.** El altruismo es la generosidad de buscar de forma habitual el bien de otros, aunque suponga una cierta renuncia personal. Por ello, suele ser bastante cercano al espíritu de servicio. Pues bien, las personas

altruistas y con espíritu de servicio hacen frente a los conflictos con ventaja, ya que están habituadas a doblegar la adversidad con su talante y a no ver como derrotas las eventuales cesiones que han tenido que hacer.

8. **Ascetismo como estrategia que canjea el placer inmediato por una gratificación posterior de un orden superior.** Ascetismo, etimológicamente, viene de subida. La subida a una montaña implica dificultades y sacrificios que no importan demasiado en el contexto de la ambición de llegar a la cima. Igual sucede en la vida. Consiste en ver en el conflicto y en la adversidad la preparación necesaria para hacer realidad una ambición de futuro de mayor nivel.

9. **Dar un significado y una finalidad dignificante al conflicto.** Consiste en ver que «todo es para bien» y que cualquier circunstancia puede ponerse al servicio de los intereses legítimos de la persona. Es entender que, pese a que uno no lo acaba de entender del todo, las cosas suceden para el propio bien. Es preferible, aunque sea igualmente falso, pensar que el mundo conspira *a nuestro favor* que pensar que el mundo conspira *en nuestra contra*.

10. **Controlar el foco, la interpretación y la respuesta.** Este mecanismo es un poco síntesis de los anteriores. Los conflictos son fuente de mejora personal cuando una persona sabe controlar la manera en la que se miran las dificultades, consigue dar al conflicto la interpretación que más conviene a sus intereses y se habitúa a desplegar muchísima actividad para hacer frente a esa adversidad de forma inteligente.

1. Los mecanismos de defensa inmaduros que deterioran los sueños

Si no te habitúas a utilizar los mecanismos de defensa maduros no te quedará más remedio que acudir a los inmaduros. Son mecanismos instintivos, pero peligrosos: ¡su uso hace que la adversidad sea una fuente de bloqueo personal! Todos los mecanismos de defensa inmaduros destilan un cierto olor a podrido, debido al deterioro de quienes los utilizan.

Éstos son una selección de diez mecanismos de defensa inmaduros que conviene evitar a lo largo de la vida. Puede que alguno, en algún momento preciso, sea legítimo, pero siempre será una pequeña excepción a una advertencia muy seria: ¡los mecanismos de defensa inmaduros son nocivos para la construcción de tu sueño!

1. **Echar la culpa a los demás**. Ya sea a mi familia, a la sociedad, a los americanos, al tráfico, etc. Si tú no tienes la culpa, lógicamente, no estás obligado a hacer nada y presupones que el otro es malo y que tú eres una víctima. Ese razonamiento no se sostiene ni un minuto y además resulta peligroso, porque nos hace pasivos y crea zanjas entre unos y otros. Además, el victimismo es uno de los sentimientos más corrosivos que se pueden albergar. Muchas veces, el victimismo es el origen de una depresión.

2. **Inventarse razones justificativas**. Son los famosos *creí que*, *pensé que*, *es que*. Las excusas para no lograr buenos resultados. Las excusas aparentemente te exoneran de la responsabilidad personal pero, sobre todo, te impiden desplegar la creatividad necesaria para buscar una solución innovadora.

3. **Negarse a ver la realidad**. Este mecanismo es muy frecuente y adopta formas diversas. Una es la que se llama *matar al mensajero*. Si alguien te trae, o te dice, algo que no quieres ver u oír, lo aniquilas (¡metafóricamente!). Otra versión de lo mismo se llama el punto ciego. La metáfora viene del mundo del automóvil en donde entre los retrovisores siempre queda un ángulo ciego no cubierto por éstos.

En la vida, los ángulos ciegos pueden llegar a ser aquella parte de la realidad que pone en tela de juicio las creencias que estás utilizando para alimentar las necesidades emocionales básicas. La realidad es tozuda, con lo cual, por mucho que la intentes obviar, al final te topas con ella. Si los puntos ciegos son extensos, aumenta el peligro de tropezar con la realidad.

4. **Inhibirse de afectos y pensamientos**. Es una respuesta que, a veces, damos ante una situación que nos desagrada y que no parece que seamos capaces de mejorar. Puede producirse ante un trabajo poco atractivo o ante una situación familiar tensa. Es algo así como el *pasotismo*, un mecanismo que se utiliza mucho en la adolescencia. Un adolescente, si ve que entre sus padres hay tensión, prefiere irse a su cuarto, cerrarlo con llave y ponerse a oír música, a navegar por Internet o jugar a la *play station*.

5. **Huida hacia adelante**. Es otra respuesta peligrosa. Cuanto menos te apetece enfrentarte al problema de fondo, más te lanzas a hacer con atropello cosas nuevas. Al final, lo que quieres evitar es dar la cara a un problema que bien podría ser lo vacía que está tu vida o tu incapacidad para gestionar elementos básicos de tu proyecto personal. Todos hemos visto este mecanismo en acción. ¡Procura no utilizarlo! Crea personalidades que acaban perdiendo el control de las situaciones, personas enfermas de prisa.

6. **Los celos y el intento desproporcionado por controlar y manejar a los demás**. El origen de esta respuesta es la inseguridad, el miedo a perder algo que se valora. Los celos o el control desproporcionado ahogan y agotan. Por desgracia, quienes lo emplean están poniendo en evidencia un proceso de deterioro o unas carencias emocionales serias.

7. **Retirada autista de la realidad en una fantasía personal**. Es, otra vez, una respuesta poco inteligente a una realidad que no entiendes o que no te gusta. En vez de tomar iniciativas, de mover las velas para que el viento nos sea más propicio, consiste en huir y refugiarse en busca de consuelo en una fantasía personal. La mayor parte de las fantasías se están creando con sustancias químicas, llámese alcohol o drogas. Es patético ver el recurso a la cocaína, marihuana o a las borracheras que acaban

desarrollando algunas personas. Son hábitos para escapar de una situación cotidiana que les produce rechazo. Pero son hábitos realmente estúpidos: la situación que les crea rechazo sigue siendo la misma después de la fantasía, el bolsillo se va vaciando y el cuerpo debilitando.

8. **Pasividad autopunitiva.** Aunque parezca contradictorio, acusarse a uno mismo de los males que se sufren es un mecanismo de defensa. De entrada, te aporta algo de certeza: ya sabes la causa de los problemas. Pero es un mecanismo de deterioro, porque conduce a no hacer nada, en parte, para *castigarme* por las culpas y, en parte, para reafirmarme en las ideas. El fallo está en que me *castigo* pero no me enfrento a los problemas.

9. **Hipocondría.** Es la misma historia. Si me *duele* la espalda, la cabeza o las muelas, me evito tener que hacer frente a una realidad a la que no quiero enfrentarme. El truco del cerebro es somatizar la adversidad como excusa para sustraerme de ella.

10. **El recurso a conductas agresivas y al ataque.** El olor a podrido en este caso es más que evidente. Hay personas que para poner distancia al sinsentido de sus vidas no se les ocurre mejor solución que la vuelta a niveles atávicos y animales en la conducta, como son el abuso psicológico y sexual, la violencia de género, el sadismo, el masoquismo, la agresividad injustificada, el ataque sistemático, etc.

Hasta aquí hemos llegado con la herramienta de los mecanismos de defensa. Hemos dicho que es uno de los secretos de una vida lograda. La adversidad va a estar presente en la vida de todos de una forma u otra. Y tenemos una gran oportunidad de hacer que las adversidades aceleren los logros de nuestras vidas, utilizando los mecanismos de defensa maduros y estando alerta para no caer en los inmaduros.

Nadie deja de usar un mecanismo inmaduro si no desarrolla el hábito de utilizar los mecanismos maduros. La adversidad hace que la repetición en el uso de los mecanismos de defensa maduros los convierta en un hábito que pasa a formar parte del patrimonio de recursos personales. Las personas que han tenido que hacer frente a serias adversidades pueden salir de ellas mucho más *ricas* en recursos personales que las que nunca las han sufrido.

2. Resumen del capítulo

Los mecanismos de defensa son la respuesta habitual que utilizamos las personas cuando nos hemos de enfrentar a dificultades, conflictos y adversidades. Desempeñan el papel de alejar de nosotros el sufrimiento que esas realidades ocasionan. Por tanto, su papel es legítimo.

Los mecanismos de defensa tienen distintos efectos en las personas. Hay algunos mecanismos de defensa –los de progreso– que mejoran la calidad de los recursos personales de las personas que los utilizan. Otros, los de deterioro, tienen el efecto contrario: estropean los recursos personales ya que los bloquean e impiden su despliegue.

La construcción de los sueños requiere la habilidad de distinguir los mecanismos de defensa de progreso de los de deterioro y la disciplina de utilizar insistentemente sólo los primeros.

5 | ¿Estás mejorando tu sentimiento cotidiano de eficacia? Los sueños y el día a día

La construcción de tus sueños se asienta sobre dos columnas: el sentimiento cotidiano de eficacia y tu proyecto personal de futuro. De la primera me ocuparé en este capítulo, y de la segunda en el siguiente.

El sentimiento cotidiano de eficacia lo alcanzas cuando la mayoría de los días consigues irte a dormir con la sensación de que el día ha sido bueno, de que las cosas han salido razonablemente bien y de que has sido eficaz en la gestión de lo cotidiano.

Y consigues que los días sean buenos desarrollando recursos personales que te permitan puntuar alto en las siguientes actividades:

• Resolver conflictos y saber hacer frente a las dificultades. Lógico, ya hemos hablado de ello.

• Disfrutar con las cosas buenas –que pasa por discernir entre lo bueno y lo malo– y no amargarte por prácticamente nada. Tienes que disfrutar de las cosas buenas con la máxima intensidad emocional; así, esas experiencias se quedarán en la memoria profunda y servirán de abono a tus sueños del futuro.

- Conectar afectivamente con los demás. El calor de la amistad, el sentimiento de compañerismo y la unión familiar representan una fuente gratísima de estímulos positivos que hacen buenos tus días.

- Saber mantener una cierta distancia respecto a las cosas. Si los objetos se miran con mucha cercanía, las rugosidades se magnifican y se pierde la perspectiva. Distancia no es autonomía, ni independencia, consiste en poner tierra de por medio para ganar en perspectiva y en campo de maniobra.

- Saber recuperarte de las cosas que te han salido mal. Y para ello no hables de fracasos sino de experiencias, de cosas que no han salido bien. Y procura recordar sin carga emotiva negativa los errores que has cometido, con el fin de mejorar la siguiente vez.

1. El origen múltiple de los recursos personales

Ya he mencionado anteriormente que las personas tenemos tres tesoros en forma de recursos personales: la inteligencia, las emociones y la voluntad. Estos tres tesoros acaban siendo visibles en los hábitos cognitivos, emocionales y operativos con los que hacemos frente a nuestras circunstancias personales. Y con estos hábitos hay que gestionar el sentimiento cotidiano de eficacia.

¿Nacemos con estos tesoros? En parte sí, pero en una parte relativamente pequeña, digamos que en un 25%. Eso es la parte recibida de nuestra personalidad. En el resto de los porcentajes, los tesoros se hacen. Otro 25%, sin que intervengamos mucho, ya que es producto de la educación que hemos recibido en casa, en la escuela, en el inicio de nuestra profesión. Es la parte aprendida de nuestra personalidad. El resto, el 50%, es producto de nuestra voluntad y de nuestra libertad. Es la personalidad elegida por nuestra inteligencia. Véase el cuadro 4.

Cuadro 4. El origen de los recursos personales

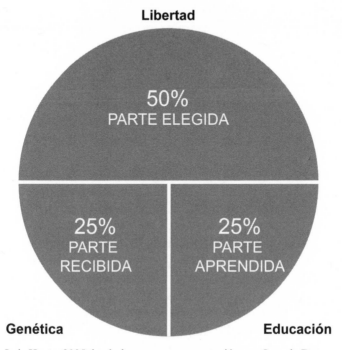

Fuente: Luis Huete, 2005, basándose en una conversación con Joan de Dou.

Los porcentajes anteriormente descritos se dan en la mayoría de la población. Hay una minoría, un 20% del total, que nace con una carga genética mayor o en cuya educación han sucedido episodios excepcionales. En ese 20%, su libertad ha quedado reducida y su conducta está más condicionada que en el resto de los humanos.

El desafío es que sepas convertir la voluntad —el recurso en porcentaje mayoritario— en la fuerza motriz que desarrolla tus otros recursos o tesoros: la inteligencia y las emociones. Es tu responsabilidad utilizar la voluntad para fomentar hábitos intelectuales, emocionales y operativos que sirvan para construir tus sueños. Lo contrario es dejar tu vida en manos de tu componente genético o de la sociología de tu educación. Y no es una buena idea, ya que no suele producir buenos resultados...

2. ¡No te líes! Los planos con los que enjuiciamos las cosas

Las personas hacemos dos juicios básicos cuando hemos de evaluar una determinada decisión. Dos juicios que suelen estar en conflicto y que, por tanto, hay que saber gestionar.

Un juicio está más ligado a la razón y es el que dictamina –acertadamente o no– si algo es conveniente, bueno e interesante; o justo lo contrario. El otro juicio está más ligado al mundo emocional y es el que discrimina si algo me gusta y me agrada, o no.

Como se ve en el cuadro 5, los dos juicios (el racional y el emocional) se pueden cruzar. La matriz sirve para interpretar las interacciones que se presentan entre ambos juicios.

I. **Me gusta y me conviene.** Esto es vivir. De hecho, estamos –más o menos– ante la definición aristotélica de felicidad en su *Ética a Nicómaco*. Allí describía la felicidad como el estado en el que el alma (las emociones) está de acuerdo con la virtud (la razón). La buena marcha de la construcción de tu sueño se debe notar en que, a medio plazo, casi todo lo que hagas esté en este cuadrante, el de las cosas que te convienen y te gusta hacer. Conseguirás una vida lograda, como explicaré más tarde, si te sales del cuadrante II y entras en el cuadrante III.

II. **Me gusta pero es inconveniente.** Este cuadrante es el más seductor y por ello el más peligroso. Una persona con escasos recursos intelectuales y con poca fuerza de voluntad se queda atrapada en este cuadrante. Las acciones de este cuadrante comprometen tu futuro personal ya que impiden el progreso de tus recursos personales.

III. **Me cuesta pero me conviene.** Son acciones convenientes para mi futuro pero que me cuesta hacer. Trabajar en este cuadrante es hacerlo para tu futuro personal. La gran ventaja de las personas que han desarrollado su voluntad es que pueden utilizarla para invertir en estas acciones de futuro. Son acciones de progreso.

Cuadro 5. Las interacciones de los juicios

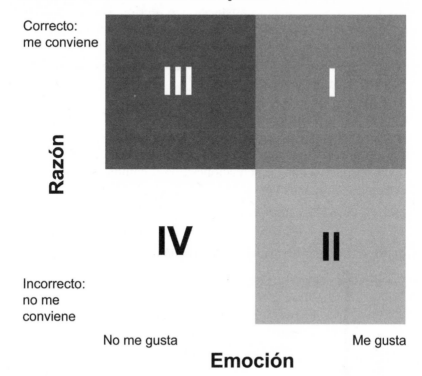

Fuente: Luis Huete, 2005.

IV. **Me desagradan y son inconvenientes**. No son tan peligrosas como las del cuadrante II. Se hacen por presión social, por creencias, por hábitos malos. Hay un rechazo doble hacia ellas que hace que no duren mucho.

Un ejercicio que te aconsejo es que identifiques tu *portafolio* de actuaciones tipos II y III, y compares su tamaño y su peso en tu vida. La construcción de tus sueños pasa por reducir el peso relativo de las actuaciones del tipo II y hacer que ganen cuota las del tipo III. Y en esto consiste invertir en el futuro, como sugiere el cuadro 6.

Como se ve en el gráfico, las actuaciones tipo I producen gratificaciones en el tiempo presente y también en el futuro. Por el contrario, las actuaciones tipo II crean gratificaciones en el momento, pero éstas traen consigo una insatisfacción posterior. Las actuaciones tipo III, de entrada, no son gratificantes, cuestan esfuerzo, pero al desarrollar los recursos personales ponen las bases de las gratificaciones futuras. Por último, las actuaciones tipo IV tienen como fruto una insatisfacción presente y futura.

Tu futuro será tanto mejor cuanto más inviertas en las actuaciones impares. Si sólo eliges con el criterio de la gratificación instantánea, no discriminas si una actuación es de tipo I o II. Y esta diferenciación es crucial, ya que las actuaciones tipo II comprometen la construcción de tus sueños.

Cuadro 6. Las gratificaciones y su relación con el tiempo

Fuente: Luis Huete, 2005.

3. Trabajar para uno: la base de las buenas lealtades

Resulta aconsejable fomentar la mentalidad de que, cualquiera que sea la actividad profesional que se desarrolle, uno trabaja para sí, para una empresa que es su proyecto de vida: Luis Huete S.L., en mi caso. Y que es esa S.L. la que está prestando servicios a la empresa en la que se trabaja; en mi caso durante muchos años, el IESE.

Crear una cultura en donde las personas piensan que trabajan para sí mismas fomenta el sentimiento cotidiano de eficacia a través de la proactividad y de un sentimiento de responsabilidad personal. Te aconsejo que sientas que eres tu propio empresario y que la empresa en la que trabajas hoy es tu propio cliente. La mentalidad de trabajar para ti mismo te hace pensar de una forma más madura, ya que supone que:

- Tú mismo tienes la responsabilidad de motivarte, eso sí, aprovechando todas las oportunidades que te dé el cliente.
- Tú mismo te tienes que ocupar de tu formación, eso sí, aprovechando todas las oportunidades que te dé el cliente.
- Tú mismo te tienes que arreglar tu jubilación, eso sí, aprovechándote de todas las facilidades que te dé el cliente.

Este planteamiento tiene una fuerte base de sentido común, aunque no sea la manera habitual de plantearse el trabajo. No es bueno, para una vida lograda, ceder la responsabilidad sobre las cosas importantes de uno a terceras personas. Si tú no te ocupas de tus cosas importantes, no hay ningún motivo para esperar que otros lo hagan.

En el trabajo, como en las relaciones con los demás, no es fácil que las cosas acaben bien cuando una de las partes (llamémosla A) desarrolla una dependencia emocional con respecto a la otra (llamémosla B). Cuando eso ocurre, A genera expectativas sobre B que no son realistas y que habitualmente no se cumplen. Resultado: A se frustra al ver que sus expectativas no se cumplen en la relación, y B acaba desconcertada ya que no entiende cómo A se frustra por cosas que no le parecen importantes. Las buenas relaciones, en la familia y en el trabajo, se dan entre personas que no tienen dependencia emocional mutua.

Con la mentalidad de trabajar para uno mismo, se eliminan dependencias que pueden entorpecer tu sentimiento cotidiano de eficacia. También se fomenta que la empresa se esfuerce por conservar a los mejores «proveedores» y que éstos se queden en la empresa como fruto de una decisión explícita y voluntaria. Cambiar de empresa, o ver que prescinden de ti sin motivo justificado –si fuera el caso y sé de lo que hablo– se convierte en cambiar de cliente, y eso no es ningún drama. La mentalidad de trabajar para uno hace que los empleados nos esforcemos por cuidar a los clientes (la empresa en la que trabajamos), que procuremos ser un buen proveedor para tener siempre mejores opciones abiertas y que –en caso de que una empresa sea un mal cliente– busquemos con naturalidad mejorar la calidad de los clientes a los que prestamos servicios.

Puede que esta mentalidad, a corto plazo, haga que las personas cambien más de empresa. Eso puede ser un problema, pero infinitamente menor que el de acabar acumulando personas que se quedan en la empresa porque, a efectos prácticos, no tienen mejor alternativa. Siempre es mucho mejor que los empleados –cuando tienen expectativas que la empresa no puede satisfacer– se vayan a otra, en vez de quedarse porque no tienen adonde ir. Es mejor pensar qué hacer para retener a gente buena, en lugar de acabar ocupándose del problema de qué hacer con gente que no sirve para mucho porque sus recursos personales se han ido descapitalizando.

4. Transformar el síndrome soviético en mentalidad de propietario

El *Síndrome Soviético* consiste en una forma de pensar y de vivir en la que uno hace como si trabajara y la empresa hace como si se interesara por uno. Es una situación en la cual ambas partes pactan engañarse. Es un pacto por la mediocridad: «Yo no te exijo a cambio de que tú no me exijas». A veces el síndrome soviético degenera en el síndrome chechenio o del *queme total*. Para cambiar estas actitudes por la actitud de propietario, la de trabajar para uno, recomiendo plantear la batalla en seis áreas:

- Visibilidad del rendimiento. El síndrome soviético crece cuando se tiene la sensación de que lo que se hace no se sabe, bien porque se mide mal o porque nadie lo observa. Dicho síndrome empieza a ser vencido cuando se gana la batalla de las métricas del rendimiento personal. El sentimiento de que lo que hago se cuenta o se sabe en la organización.

- La batalla de sentir que en el rendimiento personal hay mucho que ganar y mucho que perder. El síndrome soviético avanza cuando tienes la sensación de que, hagas lo que hagas, te llevarás a casa lo mismo. La mentalidad de propietario se desarrolla cuando se sabe que, si el rendimiento es alto, las contraprestaciones también lo serán. Y si el rendimiento es bajo, se corre peligro. La idea es que la gente se ponga las pilas porque haya mucho que ganar y que perder. Si lo hago bien, hay premio; si lo hago mal, hay castigo.

- La batalla de la holgura en la toma de decisiones. Para que la gente se haga propietaria de algo es necesario aumentar su campo de toma de decisiones. Cuando hay demasiados filtros, cuando todas las decisiones se toman fuera de la esfera personal, lo habitual es sovietizarse. Dar holgura sin unas buenas métricas del rendimiento y sin un escenario de premios y castigos adecuados puede ser contraproducente.

- La mejora radical del sistema operativo para que la gente pueda hacer bien el trabajo. No se pueden exigir resultados si no se dan recursos y medios. Cuando el sistema operativo te impide hacer tu trabajo bien, se hace necesario pelearse con la maquinaria organizativa para conseguir resultados, y eso acaba sovietizando al más pintado. En el momento en que la persona tiene medios y puede hacer bien la labor que quiere llevar a cabo bien, se vuelve propietario en espíritu.

- Mejora radical de las relaciones jefe-subordinado. Los jefes han de aportar valor a la organización y ello es compatible casi siempre con aportar valor a las personas que dependen de uno. Si mi jefe me aporta valor, yo me hago más de la casa casi sin darme cuenta. Cuando en esa relación hay una quiebra, te sovietizas, crees que los de arriba van a la suya y acabas pensando que sean ellos los que saquen el trabajo adelante.

- Mejora radical en la comunicación de las reglas del juego. Cuando las cosas están claras y bien comunicadas, los colaboradores saben a qué atenerse y, poco a poco, va calando en sus cabezas la mentalidad de propietarios. Los colaboradores se sovietizan cuando hay un exceso de reglamentaciones, cuando no saben cuáles son las más importantes, cuando se descubre que las reglas tienen agujeros importantes, cuando hay gente que se las salta y no les pasa nada...

El papel de las tres últimas áreas es encauzar la iniciativa y la energía que habitualmente se logra con las tres primeras. Todas las batallas se complementan –¡son la misma guerra!– y se autorrefuerzan.

5. Resumen del capítulo

La construcción de tus sueños requiere la mejora del sentimiento cotidiano de eficacia en lo que haces. Ese sentimiento se asienta sobre un número de recursos personales que se mencionan en el capítulo. Los recursos personales, a su vez, tienen un origen múltiple: genético, educativo y electivo.

Tu sentimiento cotidiano de eficacia crece cuando entiendes el doble juicio que, sobre la misma realidad, emiten tu razón y tus emociones. La construcción de tus sueños requiere de la fuerza de voluntad para hacer que estos juicios vayan convergiendo a lo largo de los años.

La base de las mejores lealtades está en la ausencia de dependencias emocionales. Las ataduras emocionales pueden ser la fuente de

expectativas poco realistas que desestabilicen las relaciones personales. Desde la independencia emocional se pueden crear lealtades
de valor añadido.

El capítulo concluye con unas recomendaciones para impulsar el
sentimiento de propietario en los equipos profesionales. La idea
es evitar que crezca en una organización el síndrome soviético en
el que los empleados hacen como si trabajaran y la empresa, como
si les *pagara*.

6

¿Has diseñado un plan personal de futuro? El contenido y el calendario de los sueños

La segunda columna sobre la que se asienta la construcción de tus sueños es tu plan personal de futuro. Ya hace siglos, un proverbio chino ofrecía pistas sugerentes. Daba como receta de una vida feliz el tener «alguien a quien amar, algo que hacer y algo que esperar». Los dos primeros ingredientes forman parte del sentimiento cotidiano de eficacia, el tercero va a ser objeto de este capítulo ya que «algo que esperar» es parte del núcleo duro de lo que entiendo por plan personal de futuro.

La idea es tener algo por lo que luchar y por lo que valga la pena esforzarse y superarse. Ese algo acaba convirtiéndose en un imán que tira de ti y que te permite dar sentido al día a día, especialmente a los momentos difíciles. Un imán de futuro tiene el efecto de espolearte, de crearte un sentido claro de dirección y de hacer que busques las mil y una maneras de lograr tus deseos, expresados en forma de sueños.

Lo que voy a decir ahora es muy importante. El secreto para cambiar, para avanzar, es encontrar razones de verdadero peso para hacerlo. Cuando se tiene una razón muy fuerte para conseguir algo se acaba encontrando la manera de lograrlo.

Tu plan personal de futuro se crea poniendo por escrito una lista de deseos y de sueños muy concretos y con contornos muy nítidos. Esa lista son los planos de tu futuro, y tú, como el arquitecto de tus propias ambiciones, debes releerlos mil veces y visionarlos con intensidad emocional.

La metodología que te recomiendo para desarrollar tu plan personal de futuro es la siguiente: lo primero es crear el contexto apropiado, rodearte de un ambiente tranquilo, conectar contigo mismo, despertar tus recursos intelectuales y afectivos, ¡y sacar papel y lápiz!

Empieza eligiendo un año algo lejano en el tiempo. Tiene que ser un año al que des un sentido subjetivo muy especial. Por ejemplo, para mí, es 2025. En ese año confluyen una serie de circunstancias personales y familiares que tienen la virtualidad de convertirlo en un año mágico. Por tanto, mi plan personal de futuro tiene como fecha de vencimiento el año 2025.

Yo ya sé que cuando llegue ese año talismán no va a suceder ningún milagro, porque no existe una estación final. Siempre habrá una estación siguiente. Pero necesito encuadrar la visión en una fecha determinada y en unos contenidos que se puedan medir para controlar el avance. El truco de la fecha lejana no es para caer en la trampa de una vida diferida, sino para hacer del camino que queda por recorrer la verdadera fuente de disfrute y alegría.

Te sugiero que tu plan personal de futuro esté compuesto por tres elementos bien diferenciados, aunque se encuentren relacionados entre sí. El primer ámbito del plan personal de futuro debe ser la ambición personal, los sueños relacionados con la *persona en la que te quieres convertir*. El foco aquí se pone en ti mismo, en los hábitos que quieres desarrollar, en las características de la personalidad que pretendes potenciar, en los defectos que deseas corregir, en el estado de vitalidad y energía que aspiras a tener, y también en la forma física de la que quieres disfrutar.

Los sueños han de empezar con la ambición de mejora de los recursos personales. Ésta es la base de todos los sueños. Lo que acabas haciendo contigo mismo es la base de todo lo que te acaba sucediendo en la vida. Una manera de concretar el primer elemento consiste en visionar la distribución que quieres dar a las 24 horas de tus días en el año de referencia y contrastarla con la distribución de un día actual.

El segundo elemento de tu plan personal de futuro es decidir en qué tres o cuatro cosas quieres destacar y convertirte en una autoridad mundial. La definición de *mundial* se hace en función del mundo en donde te manejas cómodamente. Pueden ser ambiciones profesionales o no. Por tanto, es perfectamente legítimo fomentar el sueño de ser un gran cocinero, jugar muy bien al golf, ser un experto en numismática, en gestión de patrimonios, en Alejandro Magno, en música «indie» o lo que te ilusione.

Es bueno considerar si, entre el contenido del ámbito uno y dos, hay sinergia, si existe una causalidad sistémica que haga que los logros en el primer ámbito faciliten los del segundo y viceversa. Los logros en el ámbito uno son la puerta de los logros en el ámbito dos. La clave es identificar qué características personales debes tener para conseguir ser muy bueno en esas dos o tres cosas que te ilusionan.

El tercer y último elemento de tu plan personal de futuro son todas las recompensas que legítimamente aspiras haber conseguido en la fecha prevista. Aquí entran recompensas materiales que te ilusionen, como una casa de ensueño, unos viajes especiales, poseer una colección de arte, etc. También son parte de este ámbito aquellos sueños con un contenido más emocional como ver crecer a la familia unida, rodearse del aprecio y agradecimiento de otros, contribuir al desarrollo de las comunidades, destacar en prestigio profesional, convertirse en un referente inspirador, haber tratado a las personas más interesantes de nuestra generación, etc.

Hay que asegurarse del carácter sistémico de los contenidos de los tres ámbitos de tu plan personal de futuro. Las recompensas, el tercer ámbito, deben ser la consecuencia lógica de los logros en mejora de los recursos personales, ámbito uno, y de los logros en contribuciones, ámbito dos.

Tres o cuatro sesiones de 20-30 minutos deberían de ser suficientes para producir tu plan personal de futuro. ¡Necesitas tiempo para soñar! Siempre aconsejo que el contenido del plan sea, por un lado, irrazonable, pero, por el otro, obtenible. Irrazonable en cuanto a magnanimidad, ambición y generosidad. Y obtenible porque esté en tu dominio lograrlo y porque exista una coherencia interna entre sus tres ámbitos.

Tu plan personal de futuro debiera de caber en un pedazo de papel, o en un documento electrónico con pocos kilobytes, que puedas llevar siempre en la agenda, sea electrónica o no. Ponerlo por escrito es un primer paso para tenerlo totalmente grabado en tu propia memoria. Y la manera de grabarlo en tu memoria es leerlo y releerlo, con ilusión y convicción, cuantas más veces mejor. ¡Los sueños y las ilusiones necesitan que les dediques tiempo! Durante meses, tienes que leerlo a diario, aunque lo sepas de memoria. Después, el hábito de acudir cotidianamente a él simplificará las cosas.

Tu plan personal de futuro es el marco más o menos estable del que después se han de colgar los planes, deseos y sueños para el año que entra. Al acercarse el final de un año y con el proyecto personal de futuro interiorizado en la memoria, es tu propia inteligencia personal la que te sugerirá decenas de proyectos para el próximo año. Cada uno de esos proyectos son escalones que nos van acercando al plan personal de futuro.

Sobre los proyectos más importantes para el año en curso conviene utilizar la técnica de «información de retorno» personal, que recomendaba el recientemente fallecido Peter Drucker en un artículo de la revista *Harvard Business Review*. Drucker encontró antecedentes de esta herramienta en el siglo XIV y citaba como entusiastas de la misma tanto a Ignacio de Loyola como a Calvino.

La técnica es sencilla: poner en una ficha el contenido y las expectativas que se tienen sobre cada uno de los proyectos clave que tenemos entre manos. La ficha, corta, se cierra en un sobre al que se le pone una fecha para abrirla. Llegado el momento, habitualmente en el año en curso, se abre el sobre y se contrasta el contenido de la ficha con lo que haya sucedido en la realidad. Dicho contraste, entre expectativas pasadas y realidad vivida, es una fuente imponente de aprendizaje personal, ya que permite identificar los recursos personales que nos han permitido alcanzar las metas y las deficiencias en los recursos que han impedido su logro.

Compruébalo. Es mágico. Empezar cada año soñando con cosas muy concretas y alcanzables y con una lista de todo lo que te ilusiona de los meses venideros hace que saques −¡desarrollándolo!− lo mejor de ti mismo desde el primer día del año. Y así, un año y otro. ¡Eso es ir construyendo un gran sueño!

1. Los siete pasos para impulsar los sueños

Hay hábitos que conviene adquirir lo antes posible, como ponerse metas de futuro, engrandecer las expectativas sobre lo que somos capaces de hacer y crear foco en las actividades que las desarrollan. Los hábitos se adquieren más rápido si al esfuerzo que supone su desarrollo se une la recompensa de ir viendo resultados tangibles.

Para las personas más habituadas a estructurar su forma de trabajar, quizá sea útil emplear estos siete pasos cuando se dispongan a trabajar en sus planes personales de futuro y en los proyectos anuales:

1. Lo primero es **clarificar** la situación. ¿Qué ha sucedido hasta la fecha que sea relevante? ¿De dónde parto actualmente? ¿Qué he logrado hasta la fecha? ¿Qué cosas me han salido mal? ¿Han sido adecuadas las decisiones que he tomado?

2. Lo segundo es conseguir un estado de **certeza**. Es una disciplina mental que te hace sentir capaz de conseguir los objetivos que te propones. Para lograr ese estado de certeza, resulta útil listar

todas aquellas cosas de tu vida que en el pasado te resultaron imposibles o difíciles y que ahora son una realidad. Aquellos sueños que ya son algo palpable y real.

3. El tercer paso es **entusiasmarte** con el objetivo de futuro. Sea el del año que viene, o el del año *talismán*. Se trata de meter ganas y corazón al proyecto que quieres hacer realidad; ver y sentir todo el *bien* que va a hacer posible, los sufrimientos que te va a evitar, el sentido que le dará a los días que tienes por delante. Mientras más subjetivamente importantes sean las razones para conseguirlo, más sueltos volaremos en su consecución ¡El corazón debe empujar el proyecto!

4. La cuarta etapa es poner **foco** en los detalles relacionados con cada elemento de los objetivos. Es la etapa de fijarse en los matices, traer los objetivos a las tareas más inmediatas, entender las circunstancias e implicaciones de los planes, etc.

5. El paso siguiente es el del **compromiso**. Tienes que tomar una decisión radical de ponerte en marcha, de actuar, de dejar de posponer la toma de decisiones y su ejecución. Tienes que realizar las primeras gestiones de inmediato y conseguir que el proceso se inicie lo antes posible. Las cosas empiezan a ser realidad cuando se planifican en la agenda y se ejecutan las gestiones.

6. La sexta fase es la de construir una **masa crítica** de actuaciones que se lleve por delante todos los posibles obstáculos. Toda meta tiene sus frenos, sus obstáculos y sus detractores. Frente a ellos hay que sobreponer una importante masa crítica de iniciativas, oleadas de actuaciones y un proceso encadenado de actividades. La constancia es la que hace que tus objetivos se hagan realidad.

7. La última etapa es la de **poner cabeza**. Consiste en diseñar un sistema de medida, un procedimiento de chequeo y un entorno de soporte para que el objetivo siga vivo y sea una fuente de estímulo, de mejora y de aprendizaje. Yo aconsejo dedicar media hora cada domingo a chequear los avances y a programar actividades para la semana entrante. También es muy útil hacer partí-

cipes de tus sueños a personas cercanas ante las cuales adquieras un compromiso público de trabajar en la dirección marcada por tus sueños.

2. Poner los planos del arquitecto en manos del subconsciente

La intensidad emocional que pones en lo que te está sucediendo en un determinado momento determinará que se te quede grabado o no en la memoria. Y la razón está en la proximidad física de las partes del cerebro que se ocupan de los recuerdos y de las emociones. La intensidad emocional tiene que ver con la importancia subjetiva que das a lo que te pasa.

Es fundamental meter en la cabeza un puñado de recuerdos entrañables, gratificantes y positivos; y cuanto más intensos mejor. La ventaja de que este tipo de recuerdos sean mayoritarios es que así –sin darte cuenta– mejoran tus actitudes, las expectativas que tienes y el prisma a través del cual miras lo cotidiano y te juzgas a ti mismo.

Como no hay activo sin pasivo, lo contrario también sucede. Si has dejado que se cuele en tu memoria a largo plazo cualquier sentimiento negativo intenso que se asocie a una realidad cercana (trabajo, tráfico, políticos, familia, jefe, etc.), tienes al enemigo en casa. Desde tu subconsciente te va a poner continuamente zancadillas que dificultarán aún más la ya de por sí delicada gestión de esa relación.

Aunque pueda sonar a broma, hay que tener mucho cuidado de «no cablearse para cabrearse». Las asociaciones neuronales entre realidades cotidianas y sentimientos de frustración literalmente cablean el cerebro (las famosas sinapsis entre neuronas) para reproducir una y otra vez las mismas respuestas ante los mismos estímulos. Éste es el sustrato neuronal de un mal hábito, un hábito que dificulta de raíz tu proyecto personal de futuro.

Ya que lo repetitivo y lo intenso se cuela en el subconsciente, más vale gestionarlo. La puerta al subconsciente es el consciente. Y el consciente es posible gestionarlo con un poco de mano izquierda. Por ejemplo, hace poco estuve invitado con mi mujer varios días en la casa de un profesor de Harvard Business School, que es mi mentor y maestro. Nos llamó la atención el buen ambiente de familia que había en esa casa.

Cuando les preguntamos qué habían hecho para conseguirlo nos explicaron un enfoque al que llamaban *memory maker*. Desde hace años, se habían esforzado en organizar *planazos* los fines de semana y en vacaciones, pensados con la intención de que sus hijos y ellos asociasen a la vida en familia un sentimiento atractivo, que ilusionase, que quedase grabado con fuerza en la memoria de cada uno.

Todo esto lo saben bien los anunciantes. Las marcas son valiosas cuando las asociamos «neuronalmente» a unos atributos positivos o virtudes. También lo saben los educadores. Cuando no se insiste en algo o cuando ese algo resulta indiferente a la otra persona, el aprendizaje es nulo. También parece que va a ser una experiencia por la cual pasemos antes de morir. Personas que han estado en el trance de irse y que se han recuperado narran que en esos momentos vienen a la cabeza, en forma de «pantallazos», las imágenes de unos 20 momentos vividos.

La cabeza hace la selección de esos 20 momentos utilizando el criterio de intensidad emocional. Por tanto, aparecen las grandes alegrías y las grandes frustraciones. Con mano izquierda debes conseguir que en el *top* 20 de los recuerdos las alegrías y los sentimientos de plenitud sean mayoritarios. Un ejemplo de mano izquierda es procurar no recordar jamás aquellos sucesos que despierten fuertes sentimientos negativos y planificar y recordar aquellos eventos que nos llenan de sentimientos gratificantes y coherentes con nuestro proyecto personal.

Una de las experiencias más gratificantes de la vida es comprobar cómo el subconsciente trabaja por su cuenta si se le entregan los planos con las instrucciones de lo que uno quiere hacer. Lo digo en serio. Si trabajas en tu plan personal de futuro y haces el esfuerzo de bajarlo al subconsciente con repeticiones e intensidad emocional, estás depositando tus planos en la sala de máquinas de tus recursos intelectuales. Éstos reorganizan tu conducta, afinan tus sentimientos, amplían tu capacidad de actuar y desarrollan tus capacidades.

A ese fenómeno se le llama **sincronicidad**. Su manifestación más impactante es la abundancia de «coincidencias mágicas» que se producen en las vidas de las personas que formulan con fuerza sus sueños de futuro. Y es que cuando algo se quiere de verdad se afina el sistema reticular con el que el sistema nervioso escanea las circunstancias que se viven. Esta preferible calibración hace que se detecten mejor las personas y las circunstancias que nos acercan a nuestro sueño.

A partir de ese momento, tus recursos personales se vuelven más hábiles para realizar los ajustes de las velas de tu embarcación. Con las velas ajustadas el viento se aprovecha mejor. Al viento no lo puedes cambiar, pero sí la disposición de los recursos internos que tienes para el viaje de la vida. Cuando adquieres ese hábito, todos los vientos te resultan propicios y el avance hacia tu plan personal de futuro se hace veloz y gratificante.

3. Los sueños se hacen insumergibles: el sistema inmunológico de la adversidad

La construcción de un sueño tiene un efecto colateral beneficioso: el desarrollo del sistema inmunológico de la adversidad. El mencionado sistema consiste en la habilidad de hacer frente a las adversidades sin somatizarlas, sin descapitalizarse a nivel humano, sacando provecho de las mismas.

El sistema inmunológico se desarrolla en paralelo al crecimiento del sentimiento cotidiano de eficacia y al despliegue del plan personal de futuro. Ser inmune ante las contrariedades y dificultades es un gran aliado del liderazgo personal.

El oleaje de la vida es incapaz de hundir los sueños de quienes han experimentado de forma prolongada sus capacidades de gestión en las cosas cotidianas y de quienes tienen decidido lo que quieren hacer con sus vidas.

4. Evitar la erosión invirtiendo en uno

Hace años, Stephen Covey popularizó el concepto de invertir en uno mismo con el símil de la sierra desafilada. Contaba el caso de un leñador que andaba cortando árboles y estaba cansado, trabajando duramente, sudando, progresando muy poco a poco en su tarea. Alguien le sugiere que afile el hacha para no padecer tanto con el trabajo y él responde que no tiene tiempo para ello. La causa de no tener tiempo ahora se remonta a no haber invertido tiempo en su momento para afilar el hacha. Es la pescadilla que se muerde la cola. Es la historia que se repite tan a menudo en nosotros.

Las cuatro áreas en donde tienes que invertir para no perder capital humano son las fisiológicas, intelectuales, emocionales y espirituales. La primera área es cuidar tu salud. Dentro de ésta, es fundamental que sepas alimentarte con cabeza, desarrollar masa muscular, capacidad aeróbica y descansar. El capital intelectual puede estar asegurado con tiempo para leer, escribir y disfrutar de la música. Emocionalmente, el capital humano se desarrolla con tiempo para la familia, los amigos y las actividades solidarias. Por último, el capital espiritual. Tiempo para clarificar creencias, valores, hacer introspección, conectar con el Creador, etc.

A estas cuatro áreas tendrías que dedicar unas veinte horas a la semana. Si no lo haces, se desafila tu sierra. Por ejemplo: diez horas de lunes a viernes y otras diez los fines de semana. Deben ser espacios que te reserves y planifiques de antemano. Ha de ser tiempo de calidad, intenso y vital.

5. Resumen del capítulo

La elección de tu plan personal de futuro es el elemento que proporciona a tus sueños contenido y calendario. El capítulo ha descrito una metodología para diseñar tu plan personal de futuro y para utilizar la herramienta del *feedback* personal.

El capítulo también se ha ocupado de proporcionar ideas para que tu plan personal de futuro llegue a la *sala de máquinas* de tu capacidad intelectual. Una vez que el *plano* de tu futuro se entrega a tu inconsciente, es éste el que impulsa proyectos e iniciativas para hacerlo realidad.

7 | ¿Tienes una enfermedad en tu conducta? Los deterioros de la conducta y su papel en la construcción de tus sueños

1. Los desajustes de tu conducta

Al igual que cualquier persona, corres el riesgo de sufrir desajustes importantes en tu conducta y de estropear tu carácter y tu personalidad, que son la base del comportamiento y de la fuerza de tu liderazgo. Hay **tres factores que propician los desajustes** y los tres puedes gestionarlos en gran medida si dispones de un diagnóstico precoz y de una sencilla metodología.

Factor 1: La ausencia de polaridad en tu personalidad (capítulos 1 y 2 del libro).

Factor 2: El uso de los mecanismos de defensa inmaduros (capítulo 4 del libro).

Factor 3: La existencia de estímulos externos anormales (en este capítulo voy a abordar los aspectos más importantes del factor 3).

Los desajustes tienen **tres intensidades**. Cuando la intensidad es baja los denomino **rasgos**. En ese tramo, el desajuste no supone especiales inconvenientes para tu vida profesional y personal. A veces –incluso– puede desempeñar un papel beneficioso. Cuando la intensidad es media, se produce la **cristalización** del desajuste, y si la intensidad es alta, la **solidificación**. Debes evitar a toda costa la cristalización y la solidificación de los desajustes, ya que van en contra de tus intereses personales y suponen un trastorno para la convivencia.

El efecto sistémico de los tres factores puede poner en peligro tu calidad humana y, por tanto, la calidad de tu vida personal futura. Y no es un precio que valga la pena pagar, aunque haya sido la trayectoria de muchos «locos egregios», esos genios que han construido su brillantez sobre el desequilibrio patológico. El mejor seguro para alcanzar un carácter y una personalidad centrados es gestionar de forma preventiva los desajustes.

En algunas empresas resulta relativamente fácil que los rasgos de un desajuste cristalicen y luego se solidifiquen. Por ejemplo: un trabajo muy focalizado en una esquina y que no fomente la polaridad, un exceso o defecto de presión, y una cultura de empresa cargada de mecanismos de defensa inmaduros pueden crear –en personalidades débiles– trastornos de conducta. En los directivos de más nivel, un tipo de trastorno, y en el resto de los empleados, otro tipo, como explicaré enseguida.

2. ¿Te enferman los estímulos externos?

Permanentemente, recibes a través de tu **entorno** un conjunto de estímulos que repercuten en el ajuste o desajuste de tu personalidad. No es la única fuente de estímulos, ni siquiera el más importante, pero su influencia resulta innegable. A los estímulos internos, a los que proceden de ti, los denomino *intorno*. La vida es una batalla divertida entre el entorno y el *intorno* en la que, al final, se impone el más fuerte. Por eso, si desarrollas un *intorno* sólido, serás capaz de hacer frente a casi todas las circunstancias, por negativas que sean, e incluso podrás cambiarles el signo. Lo contrario también es posible: un entorno duro estropea el interior de una persona débil.

Cuadro 7. Las relaciones entre complejidad del entorno y desarrollo de los recursos personales

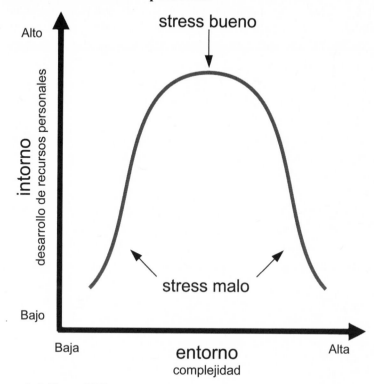

Fuente: Luis Huete, 2005.

En el cuadro 7 se representa de forma esquemática la relación entre el entorno y el *intorno*. El entorno se puede caracterizar de muchas maneras, pero puestos a elegir una, destaca la dimensión de complejidad percibida por el sujeto. Y el *intorno* vendría a ser el desarrollo de los recursos personales (la inteligencia, las emociones y la fuerza de voluntad).

Como se ve en el cuadro 7, el *intorno* sufre con el exceso y el defecto de complejidad en el entorno. Si lo de fuera no tiene complejidad, tu vida pierde aliciente, ya que puede dar entrada al conformismo y a un posible sentimiento de frustración por la ausencia de reto. Si lo de fuera es muy complejo, corres el riesgo de que el *intorno* se tense en exceso y se acabe quebrando. Como sucede con una guitarra o con un violín, el exceso o el defecto de tensión en las cuerdas desafina el instrumento o pone en peligro la continuidad del sonido.

Resulta muy útil que sepas qué grado de complejidad en tu entorno provoca tu mejor respuesta interna. Conviene que observes esta relación en ti mismo y en los demás, sabiendo que es dinámica y que tienes que gestionarla durante toda la vida. El desarrollo de tus capacidades internas te permite hacer frente a mayores niveles de complejidad objetiva externa sin desajustarte. A la vez, para desarrollar tus capacidades internas necesitas utilizar el estímulo de un entorno de complejidades subjetivamente medias-altas.

Una manifestación de la solidez de tus recursos internos es la estabilidad interior que mantienes ante entornos muy diversos. Hay perfiles de respuestas internas consistentemente altas ante entornos de complejidades bajas, medias y altas. Se trata de personas *todoterreno*, gente con un motor propio que les permite generar estímulos internos en ausencia de los externos, y con amortiguadores para no somatizar la complejidad externa cuando ésta es excesiva. Su respuesta al entorno ha dejado de ser patrimonio de las circunstancias y se ha convertido en fruto de su propia inteligencia, de su querer y de su voluntad.

3. ¿Te resulta familiar alguna de estas enfermedades?

La acción conjunta de la ausencia de una polaridad suficiente, el uso de mecanismos de defensa inmaduros y la existencia de entornos perjudiciales pueden provocar el efecto no deseado de un trastorno de conducta. Un trastorno es una patología que afecta a la conducta humana; es una cesión de la soberanía de nuestros recursos personales a un automatismo; es el inicio del fracaso de la libertad y de la inteligencia.

Cuando un trastorno está en el primer tramo, el de los **rasgos**, basta con vigilar para que no vaya a más, actuando sobre sus causas. En el segundo tramo, la **cristalización**, las cosas son difíciles de cambiar y, además, la interferencia de la patología con el día a día es cada vez más perjudicial. En el tercer tramo, la **solidificación**, el panorama se pone feo, porque la vuelta atrás se hace casi imposible y la interferencia con la convivencia diaria se vuelve fatal.

En pocas palabras, los trastornos en el primer tramo suelen tener más ventajas que inconvenientes; en el segundo tramo, generalmente hay más inconvenientes que ventajas; y en el tercer tramo, todo son desventajas. Quizá por eso hay tantos casos en la población adulta. Pues si al principio reporta ventajas, con el paso del tiempo resulta muy fácil desarrollar un hábito que finalmente acaba siendo perjudicial. En ocasiones, he oído a expertos afirmar que más del 20% de la población adulta desarrolla alguna de estas patologías. Es el momento de describir sus síntomas y de mencionar los enfoques que las agravan y las limitan.

La conducta asocial. Es el trastorno en donde se actúa con la creencia de que el fin justifica los medios. Son síntomas de esta conducta el carácter irritable, agresivo y explosivo, la falta de autocontrol en los impulsos, la dificultad para dar y recibir afecto, el escaso sentimiento de culpa o remordimiento, el egoísmo, la despreocupación y desinterés por los demás, la dificultad de adaptación e integración social, el incumplimiento de las normas sociales, las conductas delictivas, el consumo de alcohol y drogas, los comportamientos imprudentes y de riesgo, el poco aprecio por la verdad y las mentiras y engaños en provecho personal. ¡Todo un personaje… peligroso!

Es propio de esta patología convertirse en un trasgresor, en una persona poco respetuosa con las normas sociales y los derechos de los demás. En definitiva, en una persona con pocos escrúpulos. En el primer tramo, esta patología facilita la gestión emprendedora, la ruptura de barreras e ideas preconcebidas, la innovación, las conductas valientes y ambiciosas, etc. Quizá por eso son tan frecuentes entre líderes sociales.

Si se rebasa el primer tramo, las conductas asociales derivan en la utilización de la amenaza y de la violencia psíquica de forma habitual, y en la visión de que los demás son enemigos potenciales a los que hay que vencer destruyéndolos. En su extremo, genera comportamientos psicópatas. Una persona asocial necesita sentirse superior: «he tenido que venir yo para que esto se arregle». Son vulnerables a los correctivos sociales.

No es infrecuente que las conductas asociales acaben siendo depuradas en los tribunales o en *vendettas* con algún damnificado. Otras veces no sucede así y se acaba rodeado de riquezas y de fama externa. En cualquier caso, la podredumbre va por dentro y le acompañará siempre en las facetas más íntimas de su vida.

El trastorno se acelera a medida que son mayores la falta de escrúpulos y el ansia de poder. Las empresas o los partidos políticos en donde lo que cuenta son únicamente los resultados que se obtienen, fomentan las conductas asociales. Ése es un peligro real en las organizaciones en donde el énfasis en el *qué* (los resultados) es mucho mayor que el énfasis en el *cómo* (competencias) y en el *para qué* (misión de la organización). La lógica de algunas empresas, y de la vida política, parece diseñada por personas con estos trastornos. Esta lógica, aunque resulte efectiva al inicio, es imprudente, siempre deja heridos en el camino y al final tiende a que se colapsen los resultados.

Lo mejor que puede hacer una persona en la que existen los síntomas descritos es procurar sujetarse a normas, trabajar en el desarrollo del autocontrol, pedir perdón más a menudo, mejorar su respeto hacia los demás y ceder ante asuntos menores.

La conducta narcisista. Se caracteriza por la búsqueda exagerada de protagonismo, visibilidad y esnobismo. Los síntomas son el egocentrismo, la autoimportancia y autoidealización, la necesidad de admiración y originalidad, el afán de fascinación, la inestabilidad emocional, la dificultad para la empatía y las relaciones personales de carácter más íntimo, la falta de naturalidad y espontaneidad en la conducta, la exagerada tendencia a la fantasía y la pérdida de verdadera preocupación por los intereses de los demás.

En el primer tramo ayuda a ser buen comunicador y a ejercer el liderazgo social. Los comportamientos narcisistas están siendo muy incentivados en la actualidad por los medios de comunicación, por las empresas y por la vida política. ¡El mundo de la farándula es un caso claro de conductas narcisistas! Un narcisista es un buen manipulador que utiliza a los demás como peldaños para su protagonismo, hace lo que está en su mano para ser aplaudido, le encanta sentirse único o especial, se siente superior, es arrogante y lo tiene asumido porque cree que eso forma parte de ser especial. Tiende a ser poco realista y riguroso. En muchas ocasiones, la terca realidad acaba poniendo a los narcisistas en su sitio.

Acelera la patología narcisista la racionalización de la conducta (el hecho de justificar que lo haces para ganarte la vida, o para el bien de un proyecto) y el esfuerzo persistente por lograr la admiración de los demás. En cambio, mejora las cosas aceptar las limitaciones personales con buen talante, evitar justificarse, ceder el protagonismo a los demás, saber escuchar críticas sin contraatacar y evitar a los aduladores.

La conducta histriónica. Se caracteriza por la desproporción de las respuestas ante la magnitud de los estímulos externos. Son personas que se molestan por cosas pequeñas o les entra euforia por detalles menores. Son síntomas de esta patología la tendencia a la teatralidad y al dramatismo, la exagerada necesidad de estimación ajena, la tendencia a llamar la atención, la hipersensibilidad emocional, el predominio de lo afectivo sobre lo racional, la tendencia a enfrascarse en fantasías, la excesiva dependencia de la opinión de los demás, el escaso autocontrol emocional, la tendencia a manipular a los demás y al chantaje afectivo.

En el primer tramo, el histrionismo facilita que las personas sean acogedoras, simpáticas, entrañables y afectuosas. Los histriónicos dirigen en clave de ganarse el afecto de su gente. Les asusta quedar mal. Piensan de sí mismos que son sociables y acogedores. Les empeora su trastorno la práctica de una sutil doble identidad para preservar el afecto de los demás. En cambio, mejoran las cosas cuando las personas con estos síntomas se esfuerzan por profundizar en los temas, hacen una mejor introspección personal, unifican su estilo de vida, procuran ser más discretos e intentan favorecer a otros.

La conducta obsesiva. Su nota de identidad es la pérdida de perspectiva, la insistencia en repetir lo mismo y la dificultad por apartar la cabeza de determinadas cuestiones o ideas. Son síntomas de una conducta obsesiva la meticulosidad, el perfeccionismo, la escrupulosidad, el descuido de lo fundamental por lo accesorio, el desmesurado afán por el orden, la tendencia excesiva a la planificación y previsión, el pesimismo, la dificultad para adaptarse a situaciones nuevas, la tendencia a la autoacusación, la responsabilidad desproporcionada y agobiante, la dificultad para delegar responsabilidades, el estilo de vida austero, la tendencia a la hipercrítica, el alto nivel de exigencia, los pensamientos y análisis exhaustivos, la inseguridad y el trato correcto, pero frío y distante, con las personas alejadas de su núcleo más íntimo.

Al inicio, el rasgo obsesivo ayuda a mantener el foco en la tarea, a aumentar la productividad y a hacer el trabajo con más calidad. El riesgo es perder el sentido del contexto y centrarse en temas menores. Es habitual que las personas perfeccionistas tengan rasgos obsesivos. La inflexibilidad interior y el exceso de normas y protocolos facilitan el incremento de los rasgos obsesivos.

Por el contrario, lo que favorece el control de las conductas obsesivas es aceptar flexibilizar las reglas personales, confiar y pensar más en los demás, cambiar de opinión dando el brazo a torcer, desdramatizar los errores y limitar el autoexamen.

Las cuatro patologías descritas hasta el momento son las que más abundan entre los directivos. Curiosamente, cada una de estas patologías parece estar relacionada con la mala alimentación de una de las necesidades emocionales básicas. Los obsesivos con la seguridad; el asocial con el reto y la variedad; el narcisista con la singularidad y el histriónico con la conexión. Y es que, como ya he explicado, el tipo de alimentación de las necesidades emocionales determina mucho la calidad personal.

Estas primeras cuatro patologías también están relacionadas con los planos de la personalidad que expuse en el capítulo 1. Las personas más volcadas a lo externo suelen ser más candidatas a ser asociales y narcisistas. Por el contrario, las personas más centradas en lo interno están más inclinadas a ser obsesivas e histriónicas. Las racionales suelen ser más asociales y obsesivas que las emocionales. En cambio, las emocionales se encuentran más inclinadas a sufrir conductas histriónicas y narcisistas.

Hay otras cuatro patologías más. Éstas son menos comunes entre directivos, pero pueden ser frecuentes en personas con menos responsabilidades de gestión. Las voy a describir para ayudar a diagnosticarlas a tiempo y para saber qué hacer para controlarlas.

La conducta dependiente o caprichosa. Consiste en la falta de voluntad, la falta de criterio propio y en el reinado de los estímulos externos sobre los internos. Los síntomas son la excesiva dependencia de otras personas, la devaluación del juicio sobre uno, la dificultad para asumir responsabilidades, la inseguridad, la indecisión, la resignación, la sumisión y las oscilaciones súbitas y pronunciadas en el juicio que uno hace sobre sí mismo.

Empeora la situación de una persona dependiente el que diluya su personalidad en el grupo y busque alimentar su seguridad y el resto de sus necesidades emocionales en los demás y en las cuestiones materiales del entorno. Las personas con síntomas de este trastorno pueden limitarlo a través de decisiones que supongan encarar los problemas, actuar con firmeza en lo que se decida, no disculparse sin motivo, procurar no quejarse y reafirmarse en cosas secundarias.

La conducta pasivo-agresiva. Es el perfil de conducta del *quemado*. Se puede terminar así si uno se reafirma en la creencia de que la vida le ha tratado mal. Los síntomas son la sensibilidad excesiva a los contratiempos y desaires, la dificultad para perdonar agravios, la predisposición a rencores persistentes, la suspicacia y tendencia a distorsionar la realidad interpretando las manifestaciones naturales o amistosas de los demás como hostiles y despectivas, la predisposición a los celos patológicos, la actitud autorreferencial constante, las preocupación por «conspiraciones» sin fundamento lógico que se deducen de acontecimientos del entorno inmediato o del mundo en general, el escaso sentido del humor, la actitud reservada, la tendencia a la hipercrítica, etc.

Lo peor que puede hacer una persona con estos síntomas es fomentar una actitud de hostilidad en las cuestiones más secundarias y la indecisión para actuar en la mejora del estado de las cosas. Lo mejor que se puede hacer ante los síntomas de este problema es objetivar lo más posible las situaciones que producen conflicto interno y asumir la responsabilidad personal ante lo bueno y lo malo que haya sucedido en la vida. También conviene analizar los motivos del pesimismo, ceder en beneficio de la solución global y esforzarse en colaborar y en confiar en otros.

La conducta ausente. Es el pasota, el que evita involucrarse emocionalmente con su entorno. Los síntomas son el exagerado temor al rechazo social, una baja autovaloración y autoestima, la excesiva dependencia de las actitudes de los demás, una sobrevaloración de las relaciones sociales, la tendencia desproporcionada a la autoinculpación, la ausencia de objetivos y planteamientos personales, las relaciones afectivas superficiales, rígidas y exigentes, los criterios éticos inestables, los valores cambiantes, el carácter sugestionable y la hipersensibilidad a las críticas de los demás.

Los enfoques que evitan el progreso de este trastorno son el desarrollo de aficiones, la profundización en el estudio de las cuestiones, el ser más exigente en las relaciones sociales para disfrutar más con ellas y el huir de las fantasías. Por el contrario, lo que empeora las cosas son la gratificación superficial e irreal y no enfrentarse a los temas de fondo.

La conducta esquizoide. Son los solitarios y presentan síntomas como la dificultad para relacionarse y el desinterés por conseguirlo, la introversión, la frialdad y el distanciamiento afectivo, la excesiva indiferencia hacia los demás, una actitud reservada y retraída hacia el entorno, la tendencia a la soledad, la escasa participación en actividades sociales, la tendencia a la fantasía y al ensimismamiento, la interpretación inadecuada de sucesos normales y la tendencia al pensamiento mágico.

Lo peor que pueden hacer las personas con estos síntomas es la intelectualización de sus circunstancias y la desconexión afectiva con el entorno. Lo mejor, en cambio, es tratar a más personas, razonar con lógica, mejorar el aspecto externo, consultar a otros e involucrarse en proyectos sociales.

Vale la pena que evites los trastornos de conducta en la medida en que, normalmente, las desventajas tienden a ser mayores que las ventajas. Para combatir las patologías de conducta tienes que gestionar tu polaridad, usar los mecanismos de defensa maduros y eliminar complejidad subjetiva de tu entorno. El precio de un trastorno de conducta es demasiado caro, ya que supondría un notable fracaso personal... ¡en la única vida que te ha tocado gestionar!

4. Resumen del capítulo

Los deterioros de la conducta ponen en peligro la construcción de tus sueños, son *enfermedades* que restan inteligencia a las respuestas que das a los estímulos externos.

En el capítulo he descrito los factores que más influyen en el desarrollo de estas *enfermedades* —la ausencia de polaridad, los mecanismos de defensa inmaduros y la presión externa— así como las patologías más comunes entre directivos. También se han incluido consejos para evitar el desarrollo inconsciente de estas patologías.

8 | ¿Te has instalado en una lógica de progreso? La importancia de crear masa crítica para construir los sueños más audaces

Te equivocas si piensas que no puedes hacer nada para lograr más abundancia interior y exterior en tu vida, porque la construcción de tu sueño se alcanza a través de un proceso de causas y efectos –no de un sistema aleatorio– que puedes gestionar.

La abundancia tiene que ver más con tus hábitos cognitivos, emocionales y volitivos –¡con el desarrollo de tus recursos personales!–, que con las circunstancias externas. Los hábitos tienen la ventaja de que estabilizan el proceso de crecimiento personal, ya que son capacidades que te permiten gestionar bien –o mal– las circunstancias externas, y deciden tu permanencia en la lógica de progreso.

En el cuadro 8 aparecen los nueve elementos más importantes que influyen en el progreso personal. Los he reunido en tres grupos de tres elementos cada uno.

Cuadro 8. El círculo virtuoso del progreso personal

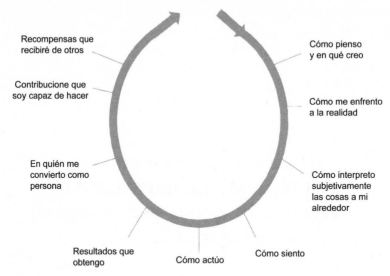

Recompensas que recibiré de otros

Contribucione que soy capaz de hacer

En quién me convierto como persona

Resultados que obtengo

Cómo actúo

Cómo siento

Cómo interpreto subjetivamente las cosas a mi alrededor

Cómo me enfrento a la realidad

Cómo pienso y en qué creo

Fuente: Luis Huete, 2005.

1. Aguas arriba. ¿Influye tu manera de pensar en tu interpretación de los hechos?

Los primeros tres elementos son «cómo piensas y en qué crees», «cómo miras a la realidad» y «cómo interpretas subjetivamente lo que sucede a tu alrededor». Estas tres variables constituyen la gran palanca de tu cambio personal, fundamentan tus esperanzas y te proporcionan un espacio inviolable de libertad.

La inteligencia y la tenacidad resultan clave para aprender a gestionar estos tres elementos. Inteligencia para elegir coherentemente las mejores opciones de pensar-ver-interpretar. Y tenacidad para construir hábitos y para apostar tercamente por las buenas opciones.

La clave está en que desarrolles hábitos que hagan posible interpretar lo que sucede a tu alrededor en clave de seguridad, reto, singularidad y conexión; las cuatro necesidades básicas, las cuatro voces de tus emociones. El objetivo es facilitar que la alimentación de tus necesidades emocionales básicas se diseñe desde la forma en que piensas y miras las cosas, y dependa lo menos posible de las circunstancias del momento.

Cuando planteas la alimentación de tus necesidades básicas desde los hábitos relativos al pensar-mirar-interpretar, estás poniendo las bases de un progreso personal sostenible y de tu mejora de la capacidad de servicio a los demás. La calidad de tu sistema de creencias y valores –como expondré en el apartado siguiente– cumple una función muy relevante en ese empeño, ya que tiendes a mirar la realidad desde una perspectiva que confirme tus propias ideas o avale tus creencias. Y si partes de un pobre sistema de creencias, el ángulo desde el que miras también será empobrecedor.

El perfil de los significados o interpretaciones que adoptas también viene condicionado por tus creencias. Las cosas son como son, pero también acaban siendo interpretadas en función de tus creencias y expectativas. La interpretación es la verdad subjetiva de los hechos objetivos. Y los hechos debes interpretarlos de manera que, sin falsearlos, te faciliten el proyecto personal de futuro.

2. ¿Influyen las creencias en el progreso?

La forma de pensar está compuesta por un núcleo duro de creencias, expectativas y valores que operan sutilmente en forma de *reglas*. Son *reglas*, por ejemplo, «si me cortan la conversación cuando hablo, se me falta al respeto», «las personas de mi edad ya no pueden cambiar,» «si te preparas bien, acabas teniendo suerte». Estas reglas tienen un poder increíble en tu vida. Son condicionales que deciden las respuestas emotivas y vitales que das a las circunstancias.

Para gestionar las creencias hay que identificar aquellas que utilizas de manera más cotidiana. Conocerlas primero y enriquecerlas después. Tienes que conseguir que las reglas no te compliquen la vida. ¡Y mira que lo hacen! Mi consejo es que no sean excesivas, que procuren ser coherentes entre sí, para evitar «pinzamientos» en la cabeza y para que, sobre todo, hagan fácil la gestión de tus necesidades emocionales básicas y las de la gente que te rodea.

Las creencias acaban convirtiéndose en el sustrato desde el que interpretas tus circunstancias. Son opciones intelectuales que haces acerca de cómo vas a interpretar la realidad y cómo la vas a vivir. Con ellas se potencia, o se debilita, el poder personal de hacer realidad tus sueños, que está ligado a la calidad de tus recursos personales.

En el proyecto de convertirse en autor del propio progreso, resulta crítico descubrir qué creencias son las que mejor sirven al proyecto de futuro que quieres lograr. La adecuación de tu proyecto personal a tus propias creencias te permitirá un progreso sostenido sin excesivas rozaduras.

Puedes y debes mejorar la calidad de tus creencias, pero ten cuidado con no hacer del contenido de las mismas la base de tu seguridad personal. Si es así, no las cambiarás y te resultará difícil adaptarte a cualquier nueva responsabilidad personal o profesional, que siempre es una llamada a optimizar las creencias con las que operas. Si no mejoras tus creencias, cualquier nueva responsabilidad te puede acabar quedando grande.

Las creencias son fruto del aprendizaje que se logra cuando se asocian eventos externos −circunstancias, libros, amigos, etc.− con significados. También son herederas del cariz de la conversación interior que se emprende a raíz de los eventos externos. La conversación interior que realizan las facultades intelectuales puede llegar a desempeñar un papel más determinante en las creencias que la sociología en la que vives. Cuanto más intensa y emotiva es la conversación interior, más se afianzan las creencias. Las buenas y las malas.

3. ¿Dónde se generan los aprendizajes supersticiosos?

Hay un aprendizaje que se llama supersticioso. Puede llegar a ser nocivo si te enseña ideas limitadoras, ideas basura. Los humanos tendemos a aprender cosas cuya base lógica es muy endeble. La razón principal radica de la necesidad de certeza. La seguridad hace gratificante, al menos al principio, la construcción de creencias, aunque la base de estas creencias sean pocas observaciones sin ninguna lógica. Observaciones en donde el factor aleatorio ha hecho que coincidan en el tiempo una serie de circunstancias a las que la creencia les da una interpretación de causalidad sin ninguna base lógica.

El aprendizaje supersticioso ha sido objeto de estudio de científicos conductistas. La observación fue con animales y quizá pueda derivarse de ella alguna conclusión útil para los humanos. En la primera fase de un estudio sobre el comportamiento de animales asociaron el acto de darles de comer con un patrón de luces y sonidos predeterminados y constantes. Como era de esperar, al poco tiempo, los animales asociaban el patrón al acto de comer, y cuando éste sucedía, los animales se preparaban para su comida.

De la segunda parte del experimento pueden extraerse conclusiones muy sugerentes. En esta segunda fase, los estudiosos cambiaron el patrón de alimentación y lo hicieron aleatorio en el tiempo y variable en la forma. Primero hubo un desconcierto inicial. Después, los animales generaron su propia creencia subjetiva de patrón que hacía que algunos al tener hambre movieran las alas, otros levantaran la pierna, etc. En su cabeza, ése era el patrón que «causaba» el que posteriormente recibieran alimento. La teoría –también supersticiosa, por supuesto– había nacido de la coincidencia entre ambos fenómenos en alguna ocasión anterior y de la necesidad de certeza.

4. ¿Qué creencias favorecen el progreso personal?

Más que una larga discusión sobre si una determinada creencia es verdad al cien por cien o no, lo que resulta más importante es averiguar si nos sirve o nos complica, si nos engrandece o nos empequeñece, si nos ayuda o nos perjudica en el logro de nuestros sueños e ilusiones de futuro. Creo que éste es el terreno en donde se ha centrar la gestión de las creencias.

A continuación se recogen algunas creencias, a modo de ejemplo, que ayudan a que las personas mejoren su logro personal y se hagan autores de sus sueños. Ninguna de ellas es verdad al cien por cien, se pueden encontrar hechos que las contradicen. Pero también hay muchísimos casos, los más, en donde estas creencias han desempeñado un magnífico papel en el progreso personal y en el logro de los sueños de futuro.

Creo que todo lo que me ocurre tiene una razón que me toca descubrir y que me puede servir en mis proyectos de futuro

Esta creencia predispone a buscar el elemento de oportunidad que se encierra en cada situación. Ayuda también a visualizar los resultados positivos que se pueden extraer de las circunstancias. Supone pensar que cada adversidad encierra la semilla de un beneficio equivalente o mayor. Es también el planteamiento de vida en el que crees que las maneras de reaccionar ante las situaciones son infinitas y que tienes la responsabilidad de elegir esa manera que te acerque a tu proyecto personal. Esta creencia facilita el sentimiento de que la vida tiene un elemento sagrado y de misterio que favorece una actitud reflexiva y responsable.

No creo en el fracaso. Creo que los resultados no deseados son una fuente de aprendizaje

Muchas veces deseas una cosa y obtienes otra. Si no resulta lo que esperas, lo mejor es aprender de esa experiencia. No hay que creer en el fracaso. Las cosas que no salen bien te acercan al resultado deseado. Es mejor no utilizar la palabra fracaso porque tiene una carga emocional negativa, de reproche, de menosprecio. Un fracaso reclama a un fracasado. Cuando lo negativo se personaliza, las cosas se complican. Hay personas que por que ignoraban que algo era *imposible*, lo consiguieron hacer.

La experiencia de los resultados no deseados invita a reflexionar sobre qué podrías haber hecho de otra manera para conseguir el resultado deseado. Por eso, es una invitación a volver a actuar y a aprender de los errores. Creer en el fracaso puede ser una manera de intoxicar la mente. Creer en los resultados no deseados es una forma de mantenerse joven de espíritu. Y una gran invitación a no mezclar los resultados de los planes con la alimentación de las necesidades emocionales.

Creo que soy responsable de lo bueno y de lo malo que ha sucedido y sucede en mi vida

Es muy deseable actuar bajo la creencia de que llevas el timón de tu vida. Delegar la responsabilidad a otros es un gran error que se paga con la indolencia o el victimismo. Por supuesto, el sentimiento de responsabilidad se centra en lo que ha ocurrido en tu interior, en tu respuesta a los acontecimientos y en aquellas cosas exteriores en las que has intervenido.

Sin que importe lo que haya ocurrido, hay que afrontar los errores, la enfermedad, lo que desagrada. El victimismo y la indolencia son sentimientos muy cómodos, pero nocivos. Asumir la responsabilidad es signo de madurez personal.

Responsabilidad proviene, etimológicamente, de capacidad de responder. De eso se trata, de desarrollar las habilidades para saber dar respuesta inteligente a las circunstancias exteriores.

Creo que no es necesario entender de todo para empezar a actuar

Hay que aprender a actuar y a sentirse cómodo con la incertidumbre y la falta de información. Las personas que consiguen progresar son las que tienen un conocimiento práctico suficiente de muchos temas, no un dominio profundo de cada cosa. Se focalizan en lo que necesitan de cada situación y no se entretienen con lo demás. Para apretar el interruptor de la luz, no hace falta saber de electricidad. Para empezar a actuar, hay que desarrollar la habilidad de distinguir entre qué es necesario entender y lo que no.

Creo en los valores del respeto, del entendimiento y de la confianza en los demás

El respeto, la sensibilidad y la confianza en los demás permiten crear relaciones sanas en las que la calidad de la comunicación es alta. La contribución y la mejora personal pasa por el espíritu de equipo, la unidad y la sensibilidad a los objetivos comunes. No hay logro personal sostenible sin relaciones sanas entre personas. Esta creencia va unida al interés sincero por las personas. Tener compromisos fuertes con otras personas es un logro humano.

Creo que se debe de disfrutar del trabajo

La ilusión es una señal de salud personal. Las personas enfermas del alma no tienen ilusión. La ilusión es fruto de descontar cosas buenas que se esperan del futuro. Para realizar grandes obras se requieren muchas dosis de pasión en sus promotores. Hay que disfrutar con lo que uno hace y hacer cosas con las que disfrutemos. Hay que buscar en las tareas los elementos de reto, variedad y sorpresa que siempre están presentes y que hacen compatible el trabajo y la diversión.

Creo en la entrega, en el compromiso hasta el final, en la exigencia personal

La dedicación y la exigencia personal potencian los resultados. No se produce un logro verdadero sin un gran compromiso. A veces, los grandes triunfadores no son necesariamente ni los mejores, ni los más fuertes, ni los rápidos, pero sí los más perseverantes, los más comprometidos. Perseguir las metas, sin descanso, con exigencia personal, siempre acerca el objetivo. Y es que no hay objetivos imposibles, a lo más, plazos inadecuados.

5. Aguas medias. ¿Influye el estado de ánimo en los resultados?

La segunda tríada de causas y efectos es «cómo sientes», «cómo actúas» y «qué resultados obtienes con lo que haces». Esta segunda tríada viene muy condicionada por la primera ya que es difícil disociar «cómo interpreto subjetivamente las cosas de mi alrededor» de «cómo siento». Es decir, los perfiles emocionales están muy condicionados por los perfiles de interpretación que hacemos.

La historia nos muestra una y otra vez que detrás de muchos de los personajes más sugerentes había personas con emociones de gran intensidad. A emociones intensas le suelen seguir la tenacidad en actuaciones exigentes y mucha proactividad para ir ajustando el tiro en función del *feedback* de los resultados que se van consiguiendo. Las conductas exigentes y persistentes acaban logrando resultados excelentes de una manera u otra.

Por lo tanto, el perfil de emociones de las personas tiene su origen más inmediato en el perfil de ideas e interpretaciones que manejan. Para cambiar el estado habitual de emociones de una persona se debe actuar sobre su manera de interpretar el mundo. Y es que hay significados que ilusionan y los hay que entristecen.

6. Aguas abajo. ¿Influye mi persona en las recompensas que voy a recibir el resto de mi vida?

La tercera y última tríada es la que más determina el cariz de la vida lograda, ya que está representada por «en quién te conviertes como persona», «qué tipo de contribuciones has sido capaz de hacer» y «qué recompensas has recibido de los demás». Éste es el epicentro de una vida de progreso.

Los frutos de una vida lograda son abundancia interior en forma de calidad de los recursos personales; contribuciones de gran valor para el progreso social; y abundancia de recompensas de otros hacia ti en forma de gratitud, afecto, prestigio, carrera profesional, independencia económica, vivencias, experiencias inolvidables, etc.

La tercera tríada hunde sus raíces en las dos primeras. Toda persona que ambicione la abundancia interior, en las contribuciones que realiza y en sus recompensas, tiene que trabajar previamente en las dos primeras. Es lógico que el perfil de las emociones, las conductas y los resultados acabe conformando los hábitos y la calidad de los recursos personales que tienes. A la vez, la persona en la que te has convertido acaba limitando el tipo de cosas (contribuciones) en que puedes destacar. Por último, el tipo y la cantidad de contribuciones que haces influyen en el perfil de las recompensas que acabas recibiendo (agradecimiento, prestigio, ingresos, carrera...). ¡Es la lógica del progreso humano!

La tercera tríada se puede y se debe de convertir en el contenido de un proyecto personal de futuro como indiqué en el capítulo 6. Hacerlo tiene la increíble ventaja de producir un efecto *pull*, un efecto imán, que te empuja hacia arriba, hacia los contenidos de ese proyecto estructurado: en quién ambicionas convertirte, en qué quieres destacar y qué te gustaría recibir de los demás.

Los nueve elementos descritos tienen un carácter circular, por tanto, se retroalimentan. Eso implica que el cúmulo de recompensas y estímulos que recibes de fuera (la abundancia exterior) acaba reforzando el sistema de creencias (abundancia interior), con lo que se cierra el ciclo que estamos mostrando. Si se recibe poco, se acaban confirmando los pensamientos ruines que fueron el origen del problema. Si se recibe mucho, el efecto es justo el contrario.

Por tanto, hay un semicírculo visible que se corresponde con la abundancia exterior y otro invisible con la abundancia interior. La parte visible (resultados, recompensas...) tiene su base en la invisible (emociones, creencias...). Un consejo: descifrar en las personas con abundancia exterior su evolución interior. Se puede aprender mucho del arte del progreso humano si se descifran las creencias, perspectivas y significados que han sido utilizados por personas con vidas atractivas.

Como ya sabemos, no existe una simetría entre contribuciones y recompensas. Cuando la calidad de lo que se aporta es media-alta, se recibe desproporcionadamente menos del esfuerzo que ha supuesto conseguir la contribución. Por fortuna, lo contrario también es cierto: cuando se hacen cosas muy valiosas y escasas se acaba recibiendo desproporcionadamente más de lo que se merece.

La misma filosofía del círculo virtuoso se puede aplicar a aspectos concretos ligados al terreno profesional o personal. Por ejemplo, uno puede «conectar» el hecho de hacer regularmente ejercicio aeróbico y desarrollar la musculatura con ser más exigente en la dieta y en la bebida. Sobre la experiencia casi espiritual de un cuerpo sano se puede crear una conexión con la preocupación por vivir unos valores personales exigentes. La suma de todo ello puede llegar a empujar el interés por cultivar la medicina preventiva en la propia vida, el desarrollo intelectual, el servicio en casa, a la familia o a los amigos. En lo profesional pasa igual. Si se va a las fuentes (la primera tríada) y se trabaja sobre los fundamentos (el desarrollo de las capacidades personales), los resultados no se hacen esperar y acaban siendo abundantes, gratificantes y contundentes.

7. Resumen del capítulo

Los sueños más audaces nacen de la calidad de las creencias con las que se opera. Las creencias son uno de los elementos que configuran el círculo virtuoso que podemos crear las personas en nuestras vidas. A lo largo del capítulo, se han identificado los demás elementos y se han explicado las relaciones que tienen entre sí.

9 | ¿Disfrutas con la gente? El papel de las relaciones en la construcción de tus sueños

Una parte importante de tu progreso profesional y personal te la juegas en lograr relaciones personales de calidad. Es una falacia pensar que tus relaciones serán buenas con sólo ser simpático o con dejar que las cosas sigan su curso natural. Por el contrario, la mejora de tus relaciones exige que las cultives con muchas dosis de generosidad y cariño, y con una implacable disciplina personal.

Las relaciones multiplican tanto lo que disfrutas como lo que sufres. Son multiplicadoras de lo bueno y de lo malo que te sucede. Se disfruta más cuando se comparte y se sufre más cuando la relación se ha estropeado. Voy a analizar a continuación tres niveles de calidad de las relaciones y cuatro signos de deterioros de las mismas.

1. ¿En qué niveles se mueven las relaciones clave de tu vida?

Simplificando un poco, hay tres niveles de relación a los que puedes aspirar. Conviene que te preguntes a menudo el nivel de relación en el que te mueves habitualmente con las personas clave de tu vida.

La gran ambición es tener relaciones de más nivel y estar en ellas más tiempo. De peor a mejor, éstos son los tres niveles:

El **nivel 1** se presenta cuando mantienes la relación exclusivamente para recibir lo que deseas. El mundo se reduce a lo tuyo. Esperas y exiges que se te quiera, se te respete y que se cumplan tus expectativas. En este nivel, la relación se prolonga siempre y cuando sirva a tus propósitos, y el día en que esa condición no se cumpla, la rompes. Si adoptas este enfoque de intercambio de servicios con otras personas, normalmente te sentirás frustrado, porque percibirás que no recibes tanto como esperabas. En consecuencia, dejarás esas relaciones y comenzarás otras nuevas, siguiendo un proceso que conduce al fracaso personal. Cuando pones el foco en lo que recibes, no en lo que das, te conviertes en una persona empequeñecida y tu vida resulta miserable.

El **nivel 2** de relación se presenta cuando esperas una reciprocidad. Nunca das más de lo que esperas recibir. Esperas una equidad y, si no la percibes, rompes la relación. Cuentas y calculas lo que das y lo que recibes, y te mueves en el mundo del trueque afectivo, del amor comercializado, del nadar y guardar la ropa. En el nivel 2 de relación, se crean equilibrios más o menos estables en función de que ambas partes sean razonables en la ecuación de canje. Pero si una parte, durante un cierto tiempo, se queda atrás en lo que da, el equilibrio se rompe y la relación corre el riesgo de desaparecer.

El **nivel 3** de relación se presenta cuando te comprometes a servir las necesidades de otra persona sin esperar nada a cambio. No pides, y lo que te llega, lo recibes con la misma espontaneidad con la que lo das. Por tanto, no mides ni lo que entregas ni lo que recibes. Sencillamente, te alegra constatar que lo que das generosamente vuelve de mil maneras. El foco del nivel 3 de relación está en dar, en descubrir qué más puedes hacer para ser más útil a otra persona.

El nivel 3, en su fase más avanzada, consiste en un amor desinteresado a todos sin discriminación. En esta fase, escapas de casi todas tus ataduras materiales y te das sin esperar nada a cambio y sin hacer distinciones por el grado de afinidad o de simpatía. Es la fase en donde perdonas y olvidas las afrentas de raíz, en donde el resentimiento y el odio han sido extirpados de tus relaciones con los demás. Es la manifestación de un nivel de logro muy alto en la sexta voz, la voz que te hace desear el progreso social y que se apoya a su vez en la quinta voz, la del progreso personal.

2. ¿En qué fase de deterioro se encuentra alguna de tus relaciones más importantes?

Frecuentemente, las relaciones se deterioran si una de las partes actúa en el nivel 1, o en el nivel 2, cuando se da y se recibe menos de lo esperado. El deterioro de una relación es fácil de categorizar a través de un enfoque que distingue cuatro fases, todas ellas con un nombre que empieza por R.

La primera fase es la **Resistencia**. Consiste en el sentimiento interior de ponerse a la defensiva ante las iniciativas de la otra parte. De tener que empujarse a uno mismo para poner buena cara a las propuestas que se reciben.

La segunda fase es el **Rechazo**. Supone ya una actitud beligerante hacia la otra parte. Es también el hábito de reaccionar negativamente ante las propuestas que se reciben.

La tercera fase es el **Resentimiento**. Es la amargura por el mal que uno siente que le ha producido la relación. Es la tristeza cargada de victimismo por el mal que ha causado la relación.

La cuarta fase y última es la **Represión**. Se caracteriza por la necesidad de frenar iniciativas donde se busca hacer el mal a la otra parte como venganza por el sufrimiento que ha supuesto la relación.

Cuando una persona tiene deterioradas muchas relaciones en su vida, resulta fácil deducir que es una persona que se mueve en el nivel 1, y que a su vez se suele mover en ambientes en donde ese nivel de relación es común.

3. ¿Te interesa mejorar las relaciones clave de tu vida?

Las relaciones de mayor nivel son las que más satisfacciones producen. Si quieres mejorar las relaciones con los demás debes ejercitarte en una disciplina que implica cumplir una serie de estándares de conducta exigentes. Los estándares son referencias externas que permiten ajustar la conducta a un *patrón oro*. Cuando tu conducta se ajusta al *patrón oro*, pone en marcha un proceso de desarrollo de recursos personales que acaba redundando en una mejor capacidad de gestionar las relaciones.

Las diez disciplinas para la mejora de las relaciones y del liderazgo personal son las siguientes:

1. **La disciplina del bien común.** La relación no va de uno mismo sino, sobre todo, va de la otra parte. Cuando no pones el foco de la relación en ti mismo, sino en el otro, tus relaciones suben de nivel.

2. **La disciplina de la persistencia.** Es la constancia. La apuesta a largo plazo. Es estar comprometido con el éxito de la relación. Pase lo que pase. Es estar presente y poder ser un apoyo en los momentos malos. Es la disciplina de pasar por alto las cosas pequeñas.

3. **La disciplina de la naturalidad.** No fingir. Ser quien eres. Actuar con naturalidad. Es dejar que la otra parte pueda actuar con espontaneidad. No querer figurar ni aparentar lo que no eres. Es vivir la feminidad y la masculinidad sin tener que pedir permiso por ello.

4. **La disciplina de la polaridad en la relación.** Saber combinar solidez y diversión. Aportar a la otra persona ambas cosas: seguridad y firmeza, y a la vez, sorpresa y diversión. En relaciones de pareja, que se ejerza la feminidad en la mujer y la masculinidad en el hombre, y que se puedan cambiar los papeles y no se monopolicen las posiciones.

5. **La disciplina de la rectitud de intención**. Consiste en evitar los juicios de intención negativos y las amenazas, ya que son letales para una relación. Es ejercitarse en la creencia de que la otra parte, aunque puede que se haya equivocado, ha actuado de buena fe y con rectitud de intención.

6. **La disciplina de buscar la verdad**. Es el ejercicio de contrastar la información para evitar la superficialidad. Es la disciplina personal de no tomar partido en base a prejuicios. Es querer evitar los puntos ciegos cuando se miran las cosas. Es la humildad de reconocer las cosas que uno debiera de hacer mejor.

7. **La disciplina de la libertad interior**. Es la inteligencia de saber perdonar y olvidar para que no queden dentro cosas que nos dificulten empezar de nuevo y con más ímpetu. Es quitarse de encima la información con alta carga negativa que pueda crear una resistencia fuerte hacia otras personas.

8. **La disciplina de abrir el corazón** y de hablar con el corazón en la mano cuando las circunstancias lo requieran. La disciplina de no ocultar los sentimientos propios. De mostrarse humano. De tener sensibilidad. De no abjurar de la sensibilidad femenina que tanto los hombres como las mujeres tenemos.

9. **La disciplina de la fe en el futuro**. La creencia firme de que todo es para bien. Que las circunstancias pueden ser utilizadas en beneficio de la mejora de los intereses legítimos que uno aspira conseguir en su vida y en esa relación.

10. **La disciplina de ser agradecido con la vida**, con los demás, con las cosas pequeñas que se reciben. Es también la disciplina de ser generoso poniendo al servicio de otros las capacidades y los recursos personales que se han desarrollado.

Estas diez disciplinas son estándares de actuación exigentes. Compromisos personales que uno se pone a sí mismo. Te sugiero que utilices la lista como *check-list* para evaluar tu mejora en la capacidad de gestionar relaciones.

Las relaciones son el fundamento del progreso en los ámbitos profesional y social. Con mejores relaciones hay más capacidad de lograr complementariedades y sinergias, y de resolver los conflictos y problemas que plantea la vida.

4. ¿Retranca o discrepancia?

Los conflictos en sí no son algo negativo. Un conflicto bien gestionado puede representar un estímulo para conocer otros puntos de vista y para ejercitar buenos hábitos. Por tanto, el conflicto puede ser un elemento de progreso o deterioro en función del conjunto de creencias desde el que se plantee y se resuelva.

Los conflictos tienen dos dimensiones cuya interrelación da lugar a cuatro situaciones, como le gusta explicar a mi colega del IESE, Pablo Cardona. Por un lado, hay una dimensión externa, más racional, del conflicto. Normalmente, perceptible desde fuera en forma de manifestación o no de un desacuerdo o de un desencuentro. También existe una dimensión interna del conflicto, cuya manifestación es la existencia o no de sintonía personal con la otra parte.

Con ambas dimensiones podemos construir una matriz de dos por dos (véase el cuadro 9) en donde aparecen las cuatro formas de conflicto entre personas. La calidad de una relación está en gran medida condicionada por el tipo de conflicto que se da en ella.

Como se ve en el cuadro 9, las relaciones entre personas pueden tener las siguientes situaciones:

- **Consenso**: bajo nivel de discusión y aparente sintonía. Tanto interior como exteriormente, estás de acuerdo con lo que se propone. El consenso no siempre es la mejor de las opciones. En ocasiones es un consenso impuesto o una variante de la «omertá» siciliana en donde se ha pactado un silencio que permita encubrir intereses inconfesables.

Cuadro 9. La interrelación entre conflictos internos y externos

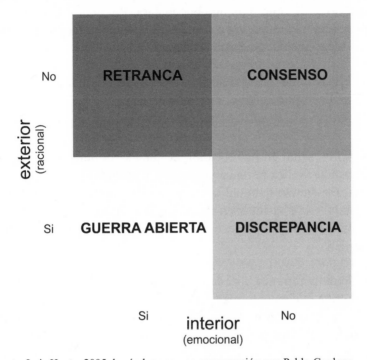

Fuente: Luis Huete, 2005, basándose en una conversación con Pablo Cardona.

- **Discrepancia**: no comulgas con la idea pero interiormente tienes un sentimiento positivo hacia la otra persona y crees que actúa de buena fe. Simplemente, tienes una opinión distinta sobre el tema que, además, puedes manifestar externamente sin miedo a ninguna represalia. Éste es el mejor conflicto ya que denota madurez y permite acelerar el aprendizaje.

- **Guerra abierta**: es el conflicto exterior e interior. Es la suma de un sentimiento negativo y de una exteriorización de un punto de vista divergente. Tiene la ventaja sobre la retranca, como se verá a continuación, de que es un conflicto en las relaciones fácilmente detectable. Y lo que es fácil de identificar es más fácil de arreglar.

- **Retranca**: no comulgas con la idea y te lo callas con un senti-miento interior negativo hacia la otra persona. Hay fingimiento. Por dentro, el sentimiento hacia la otra parte es negativo aunque exteriormente finjas con una buena cara. Por dentro hay rechazo, resistencia, represión. Es un conflicto latente, no fácilmente iden-tificable, y puede tener dos orígenes:

  – la creencia de que al exteriorizar el conflicto te la puedes estar jugando y, por lo tanto, más vale callar;
  – el deterioro progresivo no atajado a tiempo de una relación.

Es señal de salud en una relación el que exista mucho consenso y discrepancia y poca retranca y guerra. Cuando una relación se dete-riora acaba siendo habitual la retranca o la guerra. La guerra tiene la ventaja sobre la retranca de poner las posiciones de cada uno sobre la mesa. Es un proceso más limpio, pero las guerras también se pierden.

La base de la retranca y de la guerra es la acritud interna. Por eso, si se cultiva el elemento más personal e íntimo de las relaciones, se facilita la existencia de la discrepancia y del consenso. La discre-pancia es muy sana para las relaciones, permite actuar con libertad y naturalidad, facilita el aprendizaje y la tensión creativa entre ideas.

Las personas con estilo autoritario fomentan la retranca. A su alre-dedor, la gente actúa de forma distinta a cómo siente. La retranca tiene un efecto «termita» en las relaciones humanas, las corroe por dentro sin que sea fácil percatarse por fuera.

5. ¿Mejorarían tus relaciones con una mejor gestión del tiempo?

Un conflicto al que habitualmente tienes que hacer frente es el de no disponer del tiempo necesario para todo. La falta de tiempo tiene su origen, a veces, en el deterioro de las relaciones y, a la vez, tiene como efecto el deterioro –aún mayor– de las mismas.

La demanda de tiempo en las esferas personales y profesionales puede llegar a ser superior al tiempo físicamente disponible, de manera especial en algunas épocas. La falta de tiempo se puede solucionar, en parte, con productividad en el uso del tiempo. A más productividad, mejor gestión de las relaciones clave de nuestra vida.

La productividad en el uso del tiempo se puede aumentar utilizando una sencilla metodología que responde a las iniciales **ESC**. La primera inicial es **Eliminar**. Es decir, descubrir las actividades de bajo valor añadido que a lo largo del día te roban tiempo, como por ejemplo: algunas reuniones, conversaciones por teléfono, *zapping* en la televisión, paradas para tomar café, etc. Podrías llegar a recuperar casi dos horas al día, si te tomas en serio esta fase de eliminar. Para ello, debes saber priorizar a partir de lo quieres en la vida.

El segundo paso, la segunda inicial, es **Simplificar**. Consiste en hacer más fácil y cercana alguna de las actividades de valor añadido que resulta difícil encajar en el horario. Tomemos el ejemplo del ejercicio físico. Si para una persona muy ocupada esta actividad de valor añadido implica darse de alta en un gimnasio, contratar un preparador personal, llevar una bolsa con el atuendo deportivo, coger un coche, aparcar, cambiarse, ducharse, volver a coger el coche, etc., ya se ve que la complejidad de la actividad hace improbable su entrada en la agenda. La solución está en simplificar la actividad *ejercicio físico* y hacer que éste sea también subir escaleras en vez de utilizar el ascensor, andar en lugar de coger taxis, hacer una sencilla tabla de gimnasia en casa a diario, etc.

Por último, la tercera inicial es **Combinar**. Si consigues hacer a la vez dos actividades de valor añadido, aumentas la productividad de tu tiempo. En muchas ocasiones, se puede combinar cultura con familia, amigos con ejercicio físico, trabajo con estar en casa, etc. Pedir más tiempo libre al trabajo es una reclamación muy legítima, pero que estaría aún más legitimada si uno ha hecho antes los deberes con el uso de su propio tiempo.

6. ¿Puedes gestionar la relación con tu jefe?

Construir una buena relación con tu jefe contribuye de manera decisiva al logro de tus sueños. Le experiencia demuestra que no siempre es una relación fácil y que, en ocasiones, resulta frustrante para ambas partes.

Para gestionar la relación con tu jefe conviene que te sientes con él a verbalizar las expectativas de ambos sobre las cuestiones claves del trabajo, para que ninguna parte se pueda llevar a engaño. Hay un esquema sencillo que facilita recordar cuáles son las áreas que hay que pactar de antemano. Las iniciales de las cinco áreas forman la palabra **CERCO**. Empezando por el final:

- **O:** Objetivos. Consiste en pactar lo que ambas partes entendéis por resultados del trabajo encomendado. Son los objetivos tangibles que se quieren lograr.

- **C:** Criterios de actuación. Las pautas de comportamientos con las que se quieren lograr los objetivos.

- **R:** Recursos que se pueden utilizar. Los medios que es posible usar, o no, para el logro de los objetivos. Es también a quién se puede acceder y a quién no para sacar adelante los objetivos.

- **E:** Evaluación. Es pactar de antemano cuándo, quién y cómo se va a hacer la evaluación de los objetivos.

- **C:** Consecuencias. Es lo que te juegas en la consecución de los objetivos. Lo que se puede ganar y perder.

Si se pactan de antemano los elementos del **CERCO**, se evitan muchos problemas y desengaños. Este simple enfoque es posible utilizarlo también en otros ámbitos de relaciones que no sean las de jefe-subordinado.

7. Resumen del capítulo

La calidad de las relaciones desempeña un papel muy importante en la construcción de los sueños. El capítulo proporciona herramientas para la mejora de las relaciones. Por ejemplo, se incluyen esquemas conceptuales que permiten medir tanto la salud como el deterioro de las relaciones clave.

Mejorar las relaciones es cuestión de vivir una disciplina que se describe en el capítulo. El contenido de esta disciplina consiste en diez estándares de actuación. También mejora la calidad de las relaciones la gestión de los conflictos, el uso inteligente del tiempo y la sincronía de expectativas con los jefes y subordinados.

10 | ¿Te gusta el reto? El papel de la complejidad en la mejora del talento con el que se construyen los sueños

El reto y el talento son dos variables que influyen mucho en la intensidad y en la naturaleza de las vivencias personales. Yo siempre he pensado que uno acaba decidiendo, por acción o por omisión, el nivel de reto y de talento al que se enfrenta en la vida, la liga en la que quiere jugar. Lo que ya no eliges con tanta libertad son las consecuencias de las decisiones tomadas. La intersección del nivel de reto y de talento elegido trae casi inevitablemente una vivencia que será la más habitual a lo largo de la vida.

En este contexto, el **reto** es representado por los grados de dificultad y de complejidad a los que te gusta plantar cara, el nivel de complicación con el que te sientes cómodo, las ganas de pelea y de superación que tienes.

Con el **talento** sucede igual, se elige. Prueba de que se elige es que se puede mejorar sustancialmente a lo largo de la vida. El talento no es la inteligencia. La inteligencia es más genética. Aunque ésta también se puede mejorar con estimulación en edades más tempranas. Como explicaré más adelante, el talento es el conjunto de conocimientos, competencias, actitudes y creencias con el que te enfrentas a la realidad cotidiana.

Una persona con bajo nivel de inteligencia pero con un buen sistema de creencias y actitudes tiene un talento más que suficiente para disfrutar y hacer cosas valiosas a lo largo de su vida. Lo contrario es aún más cierto. Las personas con alta inteligencia pero con bajo talento suelen crear poca abundancia a su alrededor.

1. ¿Qué sucede si mejoro mi talento?

En la intersección de retos y talentos se toman valores subjetivos, específicos de la persona, específicos de la cuestión y del momento, no valores absolutos. Es decir, si hablamos de un talento bajo y un reto alto, nos referimos a que, el reto al que se enfrenta esa persona es mucho mayor que su capacidad de resolverlo con sus conocimientos, competencias, actitudes y creencias.

El resultado de la intersección de retos y talentos se puede hacer todo lo específico del momento y cuestión que se quiera. También es posible utilizar una lente con menos detalle que permita ver las cosas con el nivel de agregación que da una vida en su conjunto. En las páginas siguientes, éste será el punto de vista que utilizaré con más frecuencia.

La intersección de los niveles de reto y talento elegidos a lo largo de la vida condiciona una parte sustancial de lo que acaba pasando en ésta. En el cuadro 10 se esquematiza el producto de dicha intersección. He establecido tres niveles de talento y tres de reto. Son nueve, por tanto, los resultados posibles de la intersección.

Empezaré con las consecuencias que tiene elegir un talento bajo. Cuando has hecho poco esfuerzo por desarrollar los conocimientos, competencias, actitudes y creencias, el color de lo que está por venir es más bien gris. Son los casos A, B y C. Es jugar en tercera división.

Cuadro 10. La intersección de los retos y el talento personal

Fuente: Luis Huete, 2005.

- **Caso A:** talento bajo con reto bajo. El resultado es la **apatía**, la indolencia, las horas perdidas y el nulo interés por el trabajo y por lo que le rodea. Las cosas no te dicen nada, te dejan indiferente. No tienes energía para las cosas valiosas.

- **Caso B:** talento bajo con reto medio. El resultado es el agobio, la **preocupación**, una vida triste pensando en las dificultades y en los problemas que están por venir y que en ocasiones nunca vendrán.

- **Caso C:** talento bajo con reto alto. El resultado es la **ansiedad**, el estrés malo. La prolongación de esta situación –bastante común en los tiempos que corren– acabaría dejando secuelas físicas. El volumen de población adulta que pasa temporadas tomando ansiolíticos es superior al treinta por ciento. Una baja tolerancia a la ansiedad no es sana: haría que se rebotasen los problemas de cierta envergadura, lo cual constituiría una falta de responsabilidad; no dormir una o dos veces al año por las dificultades del momento es una excepción que está incluida en el salario.

Los talentos medios disfrutan bastante más de la vida. Estadísticamente, aquí estamos al menos la mitad de la población. Es jugar en segunda división. Veamos cuánto da de sí un talento medio.

- **Caso D:** talento medio con reto bajo. El resultado es el **aburrimiento**. Lo cual es sustancialmente mejor que la apatía. Si algo te aburre es que te ha interesado al principio, aunque posteriormente ha dejado de ser significativo.

- **Caso E:** talento medio con reto medio. Es el sentimiento de **vamos tirando**. Temporadas buenas y temporadas malas. Mediocridad. Las cosas se suceden sin saber muy bien por qué. Las circunstancias marcan mucho.

- **Caso F:** talento medio con reto alto. Es la mezcla magnífica de respeto por las dificultades e ilusión de hacer frente a las mismas. Es el mundo de la **expectación**. Si recordamos, es lo que sentíamos ante los exámenes: algo de respeto mezclado con ilusión, que nos ponía las pilas y nos estimulaba para hacer frente a la prueba. Es alegría por lo que viene mezclado con un poco de encogimiento.

Ahora viene lo bueno. Sin ninguna duda, la opción del talento alto es la mejor. Primera división. Con un talento alto se tiene el sustrato para vivir los sueños. Necesitamos desarrollar los talentos para construir los sueños.

- **Caso G:** talento alto con reto bajo. Es vivir **relajado**. Sin despeinarse. Sin agobios. Sin sorpresas. Durmiendo a pierna suelta. Sin frustrarse por la facilidad de las circunstancias. Un solo «pero». El peligro del conformismo.

• **Caso H:** talento alto con reto medio. Es el sentimiento profundo de **dominio,** de saber prever los acontecimientos y de controlarlos. De poder mover los hilos con maestría. De entender las cosas y de moverse con soltura en distintos ambientes. De hacer que la cabeza vaya por delante de los acontecimientos. Vivir así es muy gratificante.

• **Caso I:** talento alto con reto alto. Es lo mejor. Es el **apasionamiento,** la excitación, el éxtasis, el que salgan de maravilla las cosas que son difíciles, el ir como una moto disfrutando de la velocidad y sin riesgo de caerse. Es la capacidad de hacer con maestría cosas aparentemente imposibles.

La vida se convierte en una vivencia fantástica cuando se habita en las zonas altas de talento y reto. Vale la pena apostar por ello. Para meternos en la zona alta se puede seguir la estrategia de la escalera: subir un poco las dosis de reto y exigencia en lo que hacemos, para forzarnos a adquirir mayores niveles de talento. Y así, una y otra vez, ascendemos peldaño a peldaño a lo largo de toda la vida. ¡Son tantas las áreas sobre las que vale la pena desarrollar el talento personal!

2. ¿Son las actitudes la palanca de tus conocimientos?

La cuestión se centra, por tanto, en el desarrollo del talento. Cuanto mayor es el talento, más son las posibilidades de hacer de los retos de la vida una fuente de vivencias interesantes. Empecemos con una analogía: el talento se descapitaliza como sucede con los activos de las empresas.

Las empresas tienen el sentido común de utilizar la amortización para evitar engaños con los beneficios que obtienen. Con la amortización se reducen los beneficios de hoy para ganar los de mañana. Con los años, las empresas han aprendido que los beneficios futuros tienen su base en la calidad de sus activos. Y ésta se deteriora con el tiempo. Por eso amortizan, para asegurarse los ingresos del futuro.

Las personas deberíamos hacer lo mismo para gestionar mejor nuestro talento, el cual pierde valor con el tiempo. Una persona que no invierta en la mejora de su talento, de sus activos inmateriales, es como una empresa que no amortiza. En el caso de la empresa, sus beneficios serían engañosos; en el de la persona, sus ingresos actuales serían poco sostenibles y, por tanto, igualmente falsos.

La razón es la misma. En pocos años, esos activos, los de la empresa o los de la persona, perderán valor y serán incapaces de producir los beneficios o los ingresos actuales, según sea el caso. La medida de la calidad de los talentos personales está en el valor de los mismos en el mercado. Y ahí, en el mercado, el valor de los activos se pone en el contexto de lo que otros ofrecen y de lo que los clientes valoran.

Si se trabaja con la mentalidad de propietario, como expliqué en el capítulo 5, el talento constituye el capital para financiar el proyecto personal de futuro. Si el talento es bajo, la empresa no podrá financiar ningún crecimiento importante. Si es alto, el crecimiento también lo será sin que se cree tirantez de tesorería. La capacidad de progreso personal está en relación directa con el capital que lo financia, que para las personas es el talento.

Los activos inmateriales que forman parte del talento de las personas son sus conocimientos, sus competencias, sus actitudes y su sistema de creencias. Los cuatro necesitan inversión para mantener su valor o para acrecentarlo. Los cuatro corren el peligro de deteriorarse con los años si no se invierte en ellos. Los cuatro tienen un potencial de mejora casi ilimitado, si se gestionan con decisión.

Arquímedes popularizó en la Grecia clásica el efecto palanca; según el cual, el impacto de la fuerza sobre una palanca venía condicionado por la cercanía del punto de apoyo al objeto que se quería mover. Aplicando el efecto palanca a los talentos personales (véase el cuadro 11) vamos a considerar que tanto los conocimientos como las competencias son la fuerza y las actitudes; y el sistema de creencias, el punto de apoyo que puede multiplicar el impacto de la fuerza, en nuestro caso, de los conocimientos y de las competencias.

Cuadro 11. El efecto palanca de las actitudes

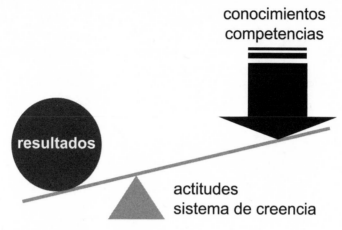

Fuente: Luis Huete, 2005.

3. ¿Cuáles son los enemigos del conocimiento?

El conocimiento ligado a la profesión se queda obsoleto en pocos años si no se regenera. Hay tres grandes frenos a la regeneración del conocimiento. También esta vez voy a utilizar una matriz con dos variables, para que resalte gráficamente las etapas de desarrollo del conocimiento y los frenos entre una etapa y otra. Como se ve en el cuadro 12, las variables son el carácter consciente o no del conocimiento y la profundidad del saber que se tiene sobre la materia.

En la situación A, la más básica, ignoro lo ignorante que soy. Es el estadio en donde nos movemos muchas veces las personas. Quizá porque es una circunstancia en la que se vive bien. Hay una actitud típica, cuyo origen es la inseguridad, que es la de despreciar lo que se ignora.

En la segunda etapa, se pasa a ser consciente de lo que se ignora. Es importante querer pasar de A a B, reduciendo los frenos que ralentizan la adquisición de conocimiento nuevo. Estar en B es frustrante, por lo que muchas veces, después de haber probado B, la gente intenta retornar a la placidez de la ignorancia que se da en A.

Cuadro 12. La mejora del conocimiento

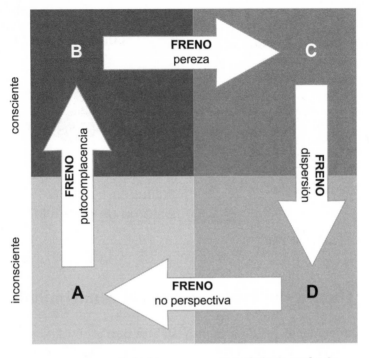

Fuente: Luis Huete, 2005.

El freno para pasar de A a B es la **autocomplacencia**, el gusto por la ignorancia, no aprender para no complicarse la vida, acudir al pasado para decidir sobre el futuro, el conformismo de los débiles y cretinos. Para hacerle frente, hay que ser inconformista, hacerse muchas preguntas, tener capacidad de cuestionarse lo logrado con el fin de mejorarlo y ambicionar el progreso; es la manera de vivir en donde late la preocupación de cuánto mejor puedo llegar a ser.

Tercera etapa: después del esfuerzo por contestar las interrogantes de la fase B, pasas a ser consciente de lo que has aprendido. Si aciertas a encontrar el conocimiento y pones los medios para adquirirlo, te encuentras en la fase C.

Para pasar de B a C, el freno es la **pereza**, la falta de voluntad y rigor, la escasez de recursos y de medios (o no saber procurárselos).

Sin metodología, la conciencia de falta de saber genera ansiedad. La ley del esfuerzo decreciente (una unidad de esfuerzo en aprendizaje es menos rentable al principio que cuando se lleva un tiempo) ayuda al que tiene la voluntad de perseverancia en las primeras etapas.

Con el tiempo, no eres consciente de todo lo que sabes, por lo que comienza la fase D. La acumulación de conocimientos acaba dando paso a un nivel superior de calidad de pensamiento. Son las redes neuronales que hacen posible ligar conocimientos de distintas disciplinas de manera muy creativa. Estar en D te da rapidez y creatividad intelectual.

Para pasar de C a D el enemigo es la **dispersión,** la falta de enfoque. De igual forma, en D, el riesgo es llegar a **perder la perspectiva**. No se debe perder el referente de que saber mucho de algo no te da una licencia para pontificar sobre todo.

La mejora del conocimiento requiere de horas de trabajo y de una manera de pensar y de hacer en donde el inconformismo, el rigor y la concentración en el enfoque se conviertan en hábitos intelectuales.

4. ¿Qué sabes resolver?

Las competencias son destrezas en el comportamiento que permiten resolver problemas en los ámbitos personales y profesionales. Es parte de lo que Juan Antonio Marina denominaría inteligencia resolutiva. La inteligencia que actúa resolviendo cosas. Si los conocimientos son saber de algo, las competencias son saber hacer ese algo.

También las competencias pierden valor con el tiempo si no se invierte en su mejora. Para una persona resulta muy valioso mejorar la calidad de sus competencias, ya que mejora a su vez el talento con el que ha de hacer frente a los retos personales y profesionales.

Las competencias se pueden clasificar en tres ejes. En el primero estarían aquellas competencias ligadas a la eficacia profesional, como pueden ser anticipar los cambios y las tendencias, la adaptabilidad y flexibilidad, la planificación, la resolución de problemas, la negociación, etc.

En el segundo eje se incluyen las competencias de cohesión que son las más ligadas a los temas de personas y sociales. En este eje aparecen las competencias de comunicación, credibilidad, trabajo en equipo, delegación, habilidad de entrenar a otros, etc.

El tercer eje, el de gestión de los recursos personales, es el que engloba las competencias de gestión del tiempo, balance profesional-privado, versatilidad, salud, gestión del estrés, motivación personal, energía y vitalidad, conocimiento propio, autocontrol, etc.

Las competencias de los tres ejes se influyen y se potencian mutuamente. De modo ordinario, a una persona con una buena gestión de sus recursos personales (el tercer eje) le será fácil mejorar las competencias de cohesión. Sobre la base de éstas es también muy probable que mejoren las competencias de eficacia. Lo contrario también ocurre. Una pésima gestión de uno mismo siempre trae consecuencias negativas en las competencias de cohesión y de eficacia.

Te aconsejo que identifiques 3 ó 4 competencias en cada eje que consideres críticas para el logro de tu plan personal de futuro. Tus competencias mejorarán si conoces el punto de partida, tienes claro el lugar adonde quieres llegar y controlas el proceso para evitar desviaciones significativas. Por tanto, es necesario que utilices un sistema de medida desde el que pongas en marcha planes de desarrollo y mejora.

Las competencias sólo se desarrollan por repetición, y para practicarlas resulta útil contar con un *entrenador* e imprescindible tener un plan de entrenamiento personal.

Una herramienta que se utiliza en muchas empresas es el *feedback* 360°. Consiste en crear un diccionario de conductas en las que se desglosan las competencias que previamente la empresa ha elegido.

Con el diccionario de conductas de cada competencia se obtiene una información de retorno preguntando a jefes, equipos, colegas, etc. Esa información se analiza y da lugar a un informe escrito que sirve para preparar las entrevistas con el mentor encargado de ayudar en la mejora de las competencias.

La evaluación 360° se debe utilizar para buscar oportunidades de desarrollo, y por eso no ha de ir unida a los incentivos. Los resultados deben permanecer confidenciales para que el proceso se haga sin ruido ni interferencias ajenas al propósito de dotar a las personas de una herramienta de mejora personal.

Ninguna de las competencias se mejora si no se práctica. Por eso, un libro, un seminario o un curso son sólo el inicio. Las competencias se desarrollan con la práctica y la ayuda de un entrenador externo o, al menos, con un plan personal de mejora en donde haya objetivos, mediciones, metodología, etc. Las competencias son hábitos en el comportamiento, destrezas en el trabajo, que requieren de un proceso de gestación relativamente lento. El tiempo que supone medirlas y mejorarlas es la inversión requerida para que esta parte de los activos personales aumente su valor en el mercado.

5. ¿Puedes cambiar tus actitudes?

Las actitudes son predisposiciones emocionales y, como tales, tienen un gran impacto en la conducta personal. A nadie se le escapa la importancia de las actitudes positivas para realizar un trabajo con brillantez, ni el lastre que supone para cualquier tarea una actitud negativa. Las actitudes tienen un origen cognitivo (información en el subconsciente) y pueden, a través de su repetición, generar un hábito o predisposición más o menos permanente en los sentimientos. También puedes mejorar tus actitudes, si las trabajas.

Las actitudes negativas pueden desempeñar un papel similar al de la fiebre en el cuerpo. Si ésta sirve para advertir de problemas de salud y para empujarnos a tomar medidas, aquéllas pueden alertarnos de problemas internos, normalmente relacionados con la mala alimentación de las necesidades emocionales.

El origen cognitivo de las actitudes se llama **autoideal** y **autoeficacia**, que no son sino información profunda almacenada en tu memoria a largo plazo. Autoideal consiste en creencias sobre el futuro: expectativas, ambiciones, referentes, etc. Autoeficacia, en percepciones sobre el presente. Esa información es producto de la experiencia vivida, pero también del diálogo interior mediante el que las facultades intelectuales crean en el consciente una especie de realidad virtual. Por eso, pueden ser dañinos los comentarios interiores que tengan un cariz descalificador, especialmente si a quien se descalifica es a uno mismo o a personas con las que nos relacionamos frecuentemente.

Las posibles combinaciones de información sobre el futuro y sobre el presente condicionan la manera de quererse a uno mismo (véase el cuadro 13). Ese juicio sobre uno mismo, que se llama autoestima, es un fenómeno muy cercano al de las actitudes.

- **Caso 1:** cuando la información acumulada tanto sobre el presente como sobre el futuro es negativa, el resultado es la pérdida de autoestima, el juicio severo sobre las cosas cercanas y unas actitudes negativas.

- **Caso 2:** cuando la información sobre el presente es negativa, pero se alimentan unos sueños del futuro. La distancia entre un presente que no encajas bien y el futuro que te espera puede estropear el juicio que tienes sobre ti mismo. Este proceso es frecuente en profesionales ambiciosos que se han creado unas expectativas sobre el futuro poco realistas.

Cuadro 13. El origen del juicio que nos hacemos a nosotros mismos

Casos	1	2	3	4
Información sobre el futuro	Negativa	Positiva	Negativa	Positiva
Información sobre el presente	Negativa	Negativa	Positiva	Positiva
Juicio	Muy negativo	Peligro alto negativo	Peligro alto negativo	Positivo

Fuente: Luis Huete, 2005.

- **Caso 3:** la información sobre el futuro no tira de ti pero tu presente es brillante. Te aplauden pero no sabes qué esperas del futuro. Es el síndrome del nuevo rico, que no tiene anclajes de futuro. En este caso las actitudes también se pueden resentir. A las personas que están en esta situación a veces les cuesta entenderse a sí mismas y tienden a cometer serios errores en la gestión de sus recursos personales.

- **Caso 4:** las actitudes están a salvo cuando se tiene un sueño por el que luchar y un sentimiento cotidiano de eficacia. Las actitudes acaban siendo el sistema inmunológico de las emociones. Cuando son buenas es muy improbable que las emociones se estropeen por circunstancias del entorno.

Las personas con buenas actitudes son muy resistentes a entornos agresivos. Saben ser ellos mismos, vivir con naturalidad y sin grandes necesidades en circunstancias malas. Una autoestima alta es como la salud, nunca mucha resulta demasiada. Por el contrario, una persona con baja autoestima es muy vulnerable anímicamente a las condiciones externas. Con gran facilidad un desequilibrio en las condiciones externas, o algún tipo de agresión, repercute negativamente en sus actitudes.

Por lo tanto, las buenas actitudes son producto de una sana alineación entre expectativas de la vida (autoideal) y percepciones profundas sobre su marcha actual (autoeficacia). A esa buena alineación habría que añadir como nueva condición el contenido mayoritariamente animante e ilusionante tanto de los proyectos como de las realidades.

Puede llegar a ser inmoral tener a la gente trabajando en circunstancias en las que les resulta difícil hacer bien lo que hacen, porque a la larga terminará deteriorando su autoeficacia y, a la postre, su autoestima. También puede ser inmoral tener a la gente trabajando sin un para qué, sin un sentido, sin una ilusión de futuro, ya que se corre el riesgo de diluir su autoideal.

6. ¿Se han convertido tus creencias en un cuello de botella?

Las creencias son certezas personales, cosas que te crees, con mayor o menor fundamento. Como expliqué en el capítulo anterior, son la base sobre la que se edifica la conducta y aparecen, habitualmente, en forma de reglas, valores, ideas fijas, etc. Uno de sus elementos centrales es la identidad personal, quién eres y tus certezas sobre el papel que te toca cumplir en la vida.

Las creencias forman parte del talento ya que son respuestas inconscientes a las necesidades emocionales en estado bruto. Las creencias se pueden y se deben mejorar. En cierta manera, hay que escapar de las creencias sociológicas y evitar que se conviertan en una coartada para la comodidad y la mediocridad, y en una jaula para la ambición de un futuro mejor.

Cuando te asignan nuevas responsabilidades, tienes una gran oportunidad para hacer un *upgrade* [mejora] en tus creencias. De lo contrario, corres el riesgo de que tu efectividad –el sostenimiento de tus resultados–, se ponga en peligro por la falta de adecuación de tu paradigma personal con tus nuevas responsabilidades. Y frecuentemente, la falta de adecuación del sistema de creencias a las exigencias del momento actúa como cuello de botella en el progreso personal.

Una manera inteligente de contrastar y mejorar las creencias personales consiste en leer biografías e historias de gente interesante, en busca de sus paradigmas, de sus maneras de pensar, de sus referentes. Las biografías ayudan a escapar de la sociología y pueden ser una gran escuela de liderazgo personal.

Un buen sistema de creencias cumple dos condiciones. La primera es no complicar demasiado –con excesivas reglas– el logro de las necesidades emocionales básicas en las circunstancias en las que vive una persona. Es decir, son útiles las creencias que implican reglas que maximizan la probabilidad de que en un día corriente alimentes tus necesidades básicas: te sientas valorado, llamado a hacer cosas, con un papel cercano a la gente, que sea difícil que te aburras, que sientas miedo, marginación o inseguridad.

La segunda condición de un buen sistema de creencias es que impulse a la persona a nuevas metas, que haga fácil disfrutar de las cosas que uno tiene y permita una sana independencia personal de las circunstancias externas. La persona en la que uno se convierte, el tipo de contribuciones que se hacen a lo largo de la vida profesional y las recompensas que se reciben tienen en el sistema de creencias una importante variable explicativa. Cuando se imita el sistema de creencias de personas de éxito, se tiene una probabilidad alta de replicar sus logros en términos de hábitos personales, contribuciones realizadas y recompensas recibidas.

Es frecuente en muchas personas que su plan personal de futuro esté en conflicto con su sistema de creencias. Es decir, que se aspire a cosas que son casi matemáticamente imposibles de conseguir con esa forma de pensar. La adecuación entre la ambición personal y el sistema de creencias resulta vital para alcanzar una vida en donde el logro fluya de manera natural. Lo contrario es una fuente constante de tensión y de frustración.

Desde el liderazgo de equipos o desde una gestión más personalizada a través del *coaching*, se puede influir en la modificación del proyecto personal de futuro o del sistema de creencias, o en los dos, para ganar en la sincronización entre ambos y en velocidad del impulso.

No es una buena idea poner más foco en la mejora de conocimientos y habilidades que en la mejora de las actitudes y de las creencias. El progreso personal podría ser mucho mayor si a lo primero se sumara también un esfuerzo por desarrollar los hábitos del corazón y de la manera en la que se piensa.

Te conviertes en un manipulador cuando inventas o empujas valores y creencias ligadas a las cuatro necesidades emocionales básicas sin referirlas a la quinta y sexta voz, la voz que mueve al progreso personal y social. En cambio, no manipulas cuando los valores o creencias que contribuyes a socializar se ponen al servicio del desarrollo personal y de la contribución.

Un manipulador es un referente ideológico de seguridad, diversión, singularidad y conexión de su gente para hacer de ellos una tribu a su servicio. Un buen líder proporciona creencias sanas que dan a la gente alas para progresar, por su cuenta, Con un talante interdependiente, Que supone independencia personal y capacidad de crear sinergias con los demás.

Tanto las actitudes como el sistema de creencias son la palanca multiplicadora de los resultados de los conocimientos y de las competencias. Hay que invertir en ellos para hacerlos crecer, para evitar la descapitalización personal. Es el coste de invertir en el futuro para que los resultados futuros crezcan. Es trabajar menos en los ingresos de hoy para invertir en mejorar los activos con los que lograr los ingresos de mañana. Nunca la inversión en la gestión del talento había sido tan necesaria.

7. ¿Cómo defiendes las posiciones logradas?

En los procesos de mejora del talento y del progreso personal y profesional hay cuatro batallas que se deben de ganar para afianzar las posiciones logradas:

- La primera es que el mensaje de cambio entre por la **cabeza**: ¿lo entiendes? ¿Te convence? ¿Te interesa?

- Para que el proceso de cambio sea operativo tiene que colarse también por el **corazón**: ¿lo quieres? ¿Lo deseas con fuerza? El corazón es una puerta con memoria histórica de la que no siempre somos conscientes. Por eso, nos puede resultar desconcertante y difícil de manejar. Se hacen las cosas que se quieren.

- La batalla de los **hábitos**. El refrán popular advierte de que la cabra tira al monte. Los humanos tenemos una tendencia a volver a los actos que en el pasado hemos asociado al éxito y/o placer. Para vencer los hábitos, nos queda el recurso de la fuerza de voluntad. Con voluntad, se pueden crear nuevos hábitos a través de la repetición de nuevas conductas.

- La última batalla es la de la **identidad** personal. El nuevo proyecto, para que sea estable, ha de ser asumido como propio. Un cambio es firme cuando uno no puede disociar la forma de pensar sobre sí mismo de los elementos de ese proceso.

Estos cuatro elementos explican la dificultad que tienen los procesos de cambio para afianzarse en las personas. En contra de la mejora de las personas se suelen confabular una mezcla de factores como identidades negativas, hábitos pobres, deseo débil y falta de claridad mental. Una persona que desarrolla sus recursos es capaz de convertirse en el cambio que desea ver en el mundo.

En la escuela de negocios de Harvard he visto utilizar un modelo de gestión del cambio que se parece bastante al anterior. El modelo, en este caso, tiene seis palancas que se visualizan en la siguiente ecuación:

$$D*M*E>Dzc*Vc*R$$

La ecuación sugiere que sólo se produce cambio cuando los tres primeros términos acaban superando a los tres últimos. El carácter multiplicativo de los tres primeros términos también sugiere que la ausencia de uno de ellos, o su carácter negativo, anula el efecto de los otros dos.

Veamos los tres elementos que empujan los procesos de cambio:

- **D**: Es la fuerza del **deseo** de cambio. Todo deseo nace de las necesidades emocionales. Es decir, de un afán de singularizarse, conectarse, retarse o de sentirse más seguro. También puede nacer de un afán de crecimiento personal o de contribución. Son nuestras voces interiores.

- **M**: Es la fuerza de la **metodología**, de los modelos, herramientas, mapas, métodos...

- **E**: Es la fuerza de la calidad en la **ejecución**, la disciplina al implementar, el rigor de sistematizar las etapas de los procesos de cambio.

Los procesos de cambio también se enfrentan a frenos formidables. Son resistencias nacidas del miedo o la inseguridad, de la falta de comunicación, de los hábitos del pasado, de la cultura de la empresa o de la identidad. Esta resistencia por el cambio viene influida por tres variables:

- **Dzc**: La distancia de la zona de confort a la situación deseada. A mayor distancia, más resistencia.

- **Vc**: Es la velocidad del cambio. Es el ritmo propuesto para alcanzar los nuevos objetivos. A mayor ritmo, mayor resistencia.

- **R**: Es el rango de los cambios. A mayor número de cosas que se quieran hacer a la vez, mayor resistencia.

La conclusión de la fórmula es clara. Si quieres un cambio rápido y profundo has de contar con un deseo fuerte, buena metodología y mucho rigor en la puesta en escena.

Los elementos del talento personal tienen distintos ritmos de mejora aplicando los modelos de cambio. Rápido, en el caso de los conocimientos. Relativamente rápido, en el caso de las competencias. Más lenta, en el caso de las actitudes. Y lenta, en el de las creencias. La convicción de que las cuatro áreas tienen un potencial de mejora prácticamente ilimitado sirve bien al propósito de su mejora. Ya se sabe que no hay objetivos imposibles, lo que hay son plazos inadecuados.

El procedimiento ordinario para cambiar es la repetición insistente hasta adquirir un nuevo hábito. El procedimiento de urgencia es una experiencia impactante (una conversación, un accidente, un seminario, una lectura...) en un momento en el que estamos más receptivos a ello. Hay un tercer procedimiento, el extraordinario, que consiste en verle las orejas al lobo: un infarto, una ruptura matrimonial, un problema serio con los hijos o en el trabajo... La vida se encargará de que cambies con los procedimientos extraordinarios si no utilizas los ordinarios y de urgencia.

8. Resumen del capítulo

El talento y el reto con el que se aspira a vivir son dos de las decisiones que más influyen en la construcción de los sueños. Los mejores sueños se reservan a las personas que optan por *complicarse* la vida y por ensanchar sus conocimientos, competencias, actitudes y creencias.

Las actitudes son las palancas que multiplican —a lo largo de la vida— el efecto de los conocimientos y de las competencias. No hay pasión en la construcción de los sueños sin una mejora de los talentos y una búsqueda de mayores retos que nos saquen de nuestras rutinas.

Epílogo

Hay que soñar más. La vida está llena de oportunidades. Están ahí. Al alcance de los que han hecho los deberes. Construir un sueño es desarrollar las potencialidades y capacidades que tenemos dentro. Ése es un trabajo para toda la vida. Me sentiría muy feliz si este libro te resultara útil en ese gran trabajo. En nuestro interior reside la llave para el progreso personal y profesional.

Los grandes enemigos de la construcción de los sueños son el victimismo, el pesimismo, la nostalgia, el cinismo y sentimientos análogos. Son enfermedades del alma. La construcción de los sueños es la alternativa a sentirse víctima del sistema, de la empresa, de la sociedad, de la familia. Es el antídoto a pensar que, tal como están las cosas, no hay más remedio que fracasar en los anhelos y en las ilusiones que albergamos en nuestro interior.

El victimismo, el pesimismo, la nostalgia y el cinismo son sentimientos corrosivos. Son una mala interpretación de las voces interiores. Son la negación de las capacidades personales, de los recursos humanos, del potencial de progreso personal y social. Son la gran coartada de la parte débil de nuestra personalidad. La excusa que necesita lo peor de nuestra personalidad para exigirse poco. Son la trampa del juego de las voces interiores.

Las personas tenemos en nuestro interior un enorme poder y unas capacidades que hemos de ensanchar, de hacer crecer, de hacer prosperar. Basta conectar con el contenido real de las seis voces de nuestro interior. Las voces, si se sigue su verdadero mensaje, nos llevan de la mano a la consecución de los sueños de nuestra vida.

Cuando expandimos la razón, cuando hacemos que las emociones se vuelvan inteligentes y cuando ejercitamos la voluntad para hacerla fuerte, las personas obramos milagros a nuestro alrededor. En el momento en que crecen las capacidades personales, los límites de lo que es posible se ensanchan y la vida mejora radicalmente. Estamos construyendo nuestro sueño. Escuchando el verdadero mensaje de nuestras seis voces interiores. Haciendo de nuestras vidas una obra maestra.

El autor

Nací en el madrileño barrio de Chamberí en 1956. Soy el mayor de seis hermanos a los que siempre me he sentido muy unido. Todos somos gente normal, buena gente. Nada complicados. Nos gusta trabajar. Nos gusta hacer familia. Nos llevamos muy bien.

Hoy en día me dedico básicamente a cinco cosas.

Soy profesor de Escuelas de Negocio. Llevo en el IESE desde 1982. No hay nada que me pueda gustar más. Ahora estoy muy centrado en Executive Education en inglés. En su época el foco fue el Máster del IESE del cual fui su director con 32 años. Me gusta viajar y tengo la *buena* suerte de que han requerido mis servicios escuelas de negocio y empresas de medio mundo. Estoy muy orgulloso de haber dado clases en programas regulares de Executive Education en Harvard Business School, pero también lo estoy de haber tenido audiencias en los cinco continentes y de estar en contacto con las mejores escuelas del mundo.

Mi segunda área de actividad son los eventos empresariales y los seminarios para empresas. Es un terreno que me entusiasma y en el que no paro. Me apasiona estar con el equipo directivo de una empresa creando impulso y consenso sobre su futuro.

Me gusta mucho tener en una sala a los 200, 500 ó 3.000 empleados de una empresa y animarles a que sean más ambiciosos en sus vidas y a que su trabajo tenga más impacto en el mercado. Este trabajo me ha llevado también a recorrer el mundo. ¡Tengo contabilizados más de 45 países en los que he trabajado! Los *Bureaus* de *Speakers* son mis compañeros en esta tarea. ¡No bajo de 120 eventos al año!

También me dedico, es mi tercera actividad, a la asesoría estratégica y comercial para la alta dirección. Esta actividad es la que me lleva más tiempo. En la actualidad estoy ayudando a una docena de empresas en proyectos de consultoría cuyo eje común son los procesos de transformación. Soy socio de la consultora **Globalpraxis** desde el año 2000 y colaboro en el Consejo Asesor de otras consultoras como **&Samhoud**, una empresa holandesa especializada en procesos de cambio; **Pharos**, cuyo enfoque es el de un *Think Tank*; e **Innovation**, cuyo foco son los medios de comunicación. De una manera más estable, desde sus Consejos de Administración, también estoy colaborando con cuatro o cinco entidades.

Mi cuarta actividad es escribir libros. Éste es el noveno y no será el último. Tengo al menos tres más en la cartera. También hay en el mercado seis *cd-roms* en donde se extractan ideas de los libros. Últimamente estoy muy prolífero. En apenas año y medio han sido cuatro libros los que he publicado. *Clienting* (Deusto), un libro con metodología para rentabilizar la lealtad de clientes. *Administración de Servicios* (Pearson), un manual para universitarios y MBAs sobre gestión de empresas de servicios. *Ilusión y Beneficios* (LID), un manifiesto para incrementar el compromiso y la ilusión en el trabajo. Y por último, el libro que tienes entre tus manos.

La quinta actividad en la que centro mi trabajo es el asesoramiento personalizado de altos directivos. El médico de cabecera. Es la labor más continuada y que requiere más personalización de los trabajos que hago. Procuro ser la voz que anima y que pone foco en el desarrollo personal de esos líderes. Mi papel consiste en ayudar a que se conviertan en impulsores del progreso de sus organizaciones y a que construyan sus sueños personales.

Mirando atrás, todo esto me parece un sueño. Todavía recuerdo el inicio hace 25 años. Un despacho ganado a una balconada, muerto de frío y aburrimiento en una ciudad de la periferia. Sin una idea clara de lo que tenía y de lo que quería hacer. Con fuego amigo que me desanimaba a plantearme sueños ambiciosos. Las cosas han cambiado. Será que también he cambiado yo. Me siento a mitad de mi carrera profesional. Sigo soñando con hacer mejores los años que me queden. En disfrutar del camino que me queda por recorrer. Y en hacer cosas más valiosas.

¿Cuál es tu sueño? ¡Atrévete!

luis huete

PROFESOR IESE BUSINESS SCHOOL - ASESOR DE ALTA DIRECCIÓN
SPEAKER DE EVENTOS - AUTOR DE BEST SELLERS - COACH

Contacte con Luis Huete en:

www.luishuete.com
info@luishuete.com
lhu@lidconferenciantes.com
C/ Almagro 28, 6º. Madrid 28010
+34 91 899 34 05

- Facilitación de comités de dirección en procesos de cambio.
- Consultoría de gestión de clientes, gestión del cambio, organización y liderazgo.
- Eventos empresariales: *kick-offs*, reuniones con clientes, reuniones sectoriales.
- Seminarios y sesiones de trabajo *in-company*.
- *Coaching* de alta dirección.
- Seminarios abiertos al público.

Lo importante
son las personas

MÁS ALLÁ
DE LA PALABRA ESCRITA

Lo más fresco de LID Editorial no está en tu librería habitual.

Descubre LID Conferenciantes,
un servicio creado para que las empresas
puedan acceder en vivo y en directo
a las mejores ideas, aplicadas a su
entorno por los más destacados
creadores del pensamiento empresarial.

- **Un espacio donde sólo están
  los mejores para que sea fácil seleccionar
  el conferenciante más adecuado.**

- **Un sitio con todos los datos y vídeos para
  que estés seguro de lo que vas a contratar.**

- **Un punto lleno de ideas y sugerencias
  sobre las cuestiones más actuales
  e interesantes.**

- **Un marco para encontrar directamente
  a los grandes ponentes internacionales.**

- **La red de los mejores especialistas
  en empresa que cubre España
  e Iberoamérica.**

- **El único servicio de conferenciantes
  con el saber hacer de unos editores
  expertos en temas empresariales.**

LIDconferenciantes
.com

Valor seguro.